거칠부의 환상의 길,
파키스탄
히말라야

거칠부의 환상의 길,

파키스탄
히말라야

Chapter 2 비아포-히스파르빙하
비아포빙하에서 일행을 기다리는 유수프

Chapter 2 비아포-히스파르빙하
마르포고로의 밤

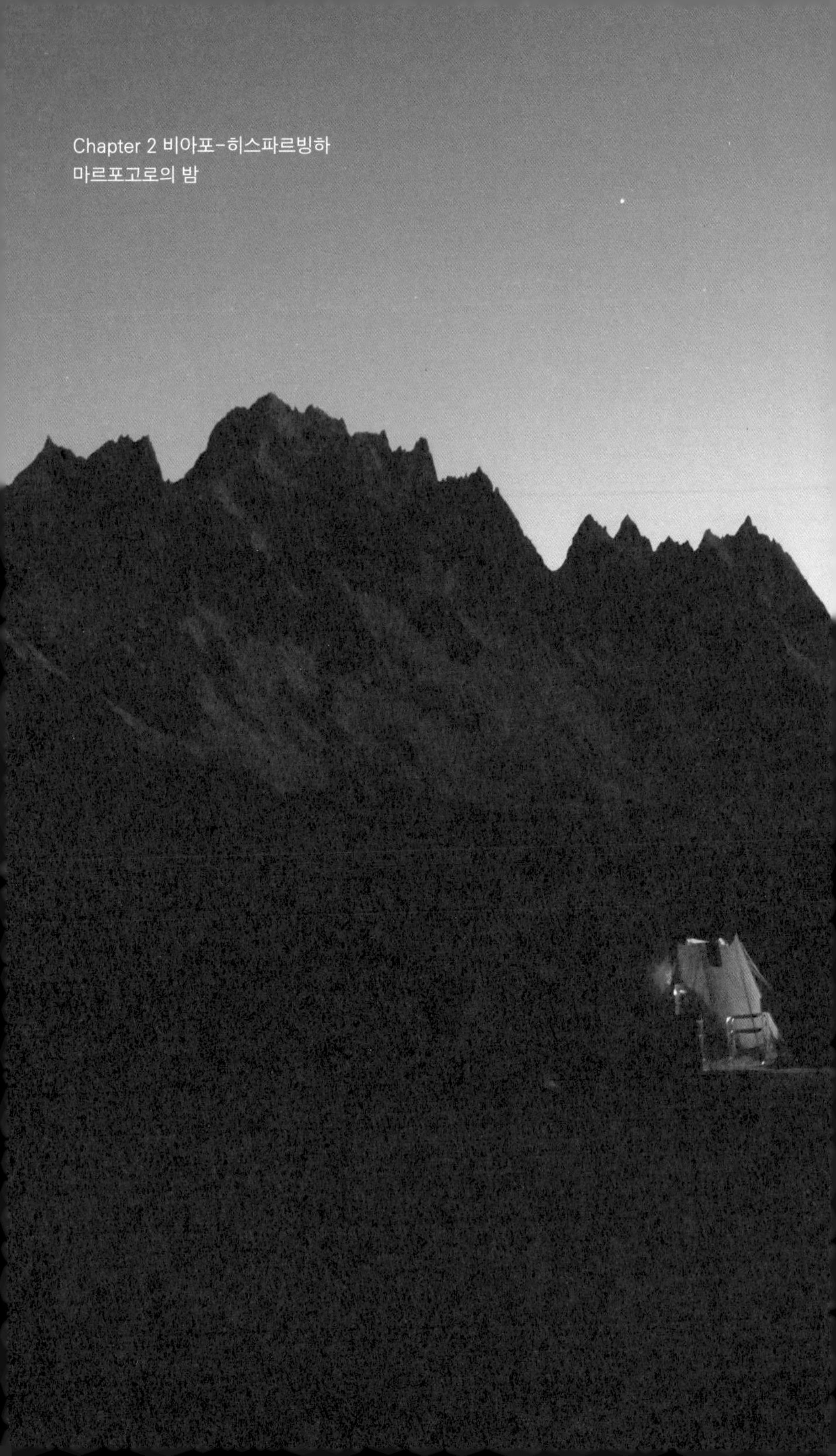

Chapter 2 비아포-히스파르빙하
스노레이크에서 히스파르라로 향하는 포터들

Chapter 2 비아포-히스파르빙하
히스파르라 정상 야영

Chapter 2 비아포-히스파르빙하
히스파르라의 일몰

Chapter 2 비아포−히스파르빙하
히스파르라에서 히스파르빙하로 내려오는 포터들

Chapter 2 비아포-히스파르빙하
하구레 산갈리 참에서 만난 설산 반영

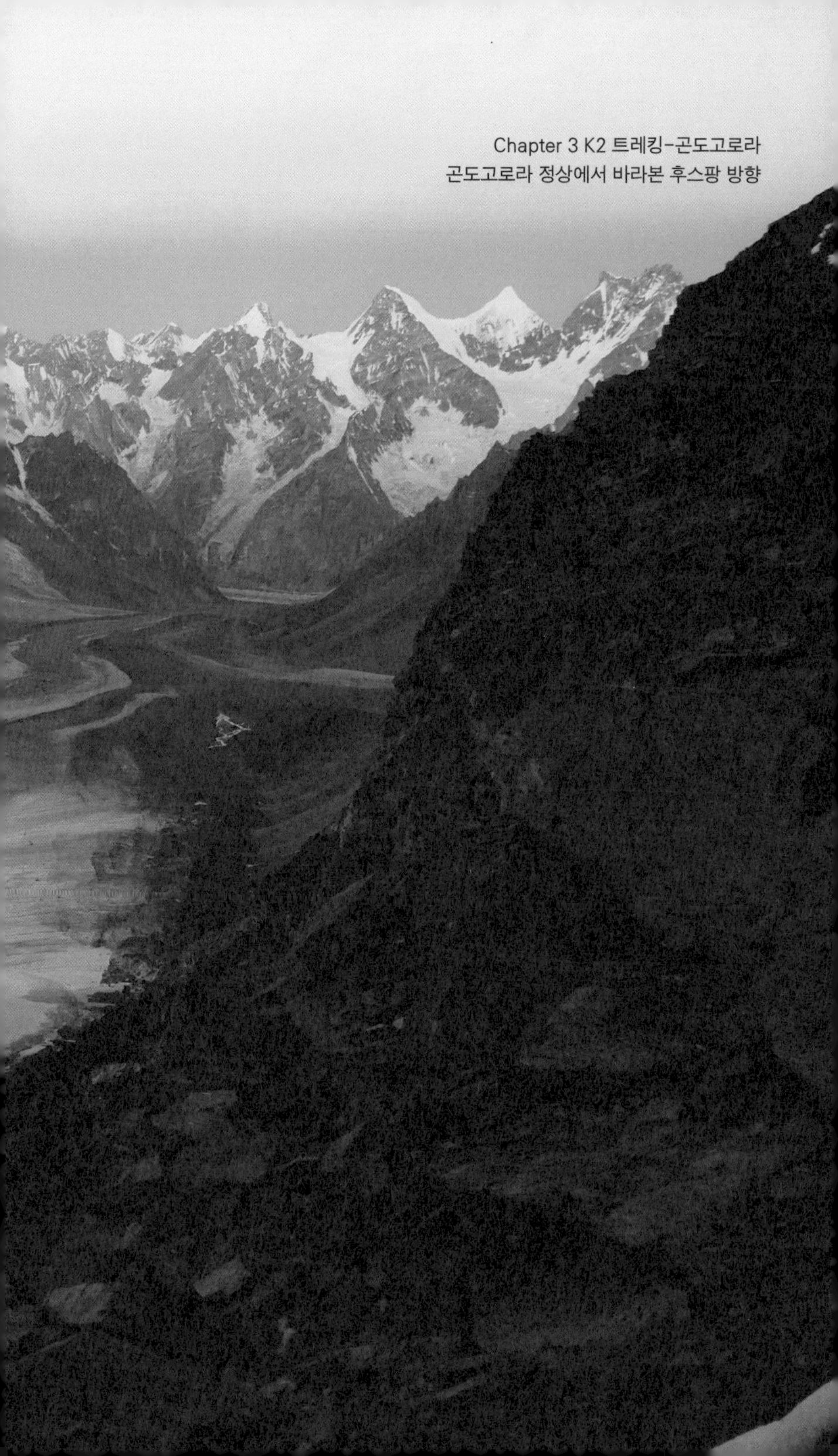

Chapter 3 K2 트레킹-곤도고로라
곤도고로라 정상에서 바라본 후스팡 방향

Chapter 5 심샬 파미르
그림 같은 풍경의 심샬

Chapter 6 스판틱 베이스캠프
초고브랑사 야영

일 러 두 기

· 파키스탄의 기본 지명과 높이는 Karakoram National Park 지도를 우선으로 함.

· 주요 봉우리의 이름과 높이는 『히말라야 도전의 역사 Fallen Giants』를 기준으로 함.

· 지도에 없는 지명과 높이는 『Trekking in the Karakoram & Hindukush』와 필자의 GPS 기록을 참고함.

· 지도에 표시되지 않은 지명은 현지인 발음에 따라 영문 표기함.

· 거리 측정은 GPS 기록과 보폭으로 거리를 측정하는 애플리케이션(앱)을 사용함.

· 외래어는 국립국어원 '외래어 표기법'을 따르되 현지 발음을 우선함.

· 약자: Gl.(빙하) → Glacier, Pk.(봉우리)→ Peak, BC(베이스캠프)→ Base Camp

나와 히말라야의 인연은 네팔 '무스탕(Mustang)' 사진 한 장에서 시작되었지
만 정작 처음 간 곳은 티베트의 카일라스(Kailas 6660미터)였다.

티베트의 가장 서쪽에 있는 카일라스는 불교, 힌두교, 자이나교, 본교에서
신성하게 여기는 장소다. 브라마푸트라강, 인더스강, 수틀레지강, 카르날리
(갠지스강의 지류)강의 발원지로써 해마다 많은 순례자가 찾는다. 이 신성한
산은 영어권에 전해지면서 카일라스로 불리게 되었지만, 명성답게 여러 이름
이 있다. 산스크리트어로 수메루(Sumeru), 힌두교는 메루산(Meru), 티베트
는 '소중한 눈의 보석'이라는 뜻의 강린포체, 티베트 불교는 우주의 중심이라
는 믿음을 담아 '수미산'으로 부른다.

수미산을 찾은 건 2014년 말띠 해였다. 공교롭게도 부처님도 말띠, 나도
말띠였다.

순례자들은 평생의 업을 지우기 위해 수미산을 돌며 고행을 한다. 전생의
업을 소멸하려면 108번 돌아야 하지만 말의 해 만큼은 단 한 바퀴면 된다. 과
연 젖먹이를 업고 가는 어린 부부부터 주름이 자글자글한 노파까지. 온 세상
사람들이 수미산으로 향하는 것만 같았다. 고산지대라 산소 호흡기를 쓰고 걷
는 이도 있었다. 정작 나는 수미산이란 장소에 의미를 두지 않았다. 5000미
터 고개(돌마라, Dolma La 5630미터)를 넘었다는 '인생 최초의 기록'에 잠
시 기뻐했을 뿐 이내 수미산을 잊었다. 정확히 말하자면 수미산이 히말라야
인 줄도 몰랐다.

나의 첫 히말라야가 수미산이라는 것을 알게 된 건 히말라야를 훑고 다닌 지 6년이 지난 뒤였다. 지도에서 여러 나라에 걸쳐 있는 히말라야를 살피다가 인도와 네팔 국경 위에 턱 하고 서 있는 수미산을 발견했을 때의 당혹감이란! 정수리를 한 대 맞은 것처럼 띵했다. 넓고 높은 히말라야. 세상에서 가장 신성하다고 여겨지는 장소의 하나인 수미산. 거기가 히말라야였다니, 내가 이미 거길 다녀왔다니!

처음부터 히말라야를 꿈꾼 건 아니었다. 히말라야에 앞서 일본, 남미, 유럽, 아프리카를 먼저 다녔다. 알프스가 마음에 들어서 유럽을 먼저 걷고 나중에 남미로 갈 계획이었다. 휴직 2년 동안 히말라야에 다니면서도 그저 스쳐 지나가는 곳 중 하나라고 생각했다.

여러 인생 시나리오가 있었다. 다시 직장에 복귀할 수도 있었고 유럽으로 떠날 수도 있었다. 나의 발길은 히말라야로 향했다. 의도하지 않았지만 의도한 것처럼 흘러갔다. 당연한 것처럼 짐을 꾸리고 몸과 마음을 히말라야로 보냈다. 결국 세 번째 방문한 히말라야에서 풍덩 빠지고 말았다. 당시 내게 자연스러운 흐름이었다.

흐름을 따라가다 보면 또 다른 흐름을 만나게 될 수도 있고 가던 길로 계속 갈지도 모른다. 아무래도 좋다. 히말라야에 머무는 마지막 순간까지 내게 가장 소중한 곳이 되어 그 안에서 자유로워지고 싶다.

이 책은 2018년, 2019년 여름 약 100일 동안 보냈던 파키스탄 히말라야의 이야기다. 카람코람의 K2 베이스캠프를 포함해서 5개의 8000미터 급 베이스캠프, 극지방을 제외하고 세계에서 가장 긴 빙하 트레일, 그 외 잘 알려지지 않은 파키스탄 북부의 아름다운 오지를 찾아다녔다. 혼자 걸었던 네팔 히말라야와 달리 파키스탄에서는 낯선 이들과 팀을 꾸려 동행했다. 좋기도 했고 갈등과 미움도 있었다. 여럿이 함께하는 여행에서 일어날 수 있는 자연스러운 일이었다. 당시의 감정과 갈등을 복기하며 미화하거나 과장하지 않으려고 애썼다.

내가 겪은 히말라야에 솔직해지고 싶었다. 그곳에서 만난 눈 덮인 산과 무시무시한 빙하, 작은 꽃송이, 사람, 감정. 아름다움에 아름다움만 있는 게 아닌 것처럼 히말라야에는 히말라야만 있는 게 아니었다. 모두가 히말라야였다.

'파키스탄 히말라야'는 감히 궁극의 히말라야라 할 수 있다. 설산, 빙하, 푸른 초원, 야생화, 척박함을 두루 갖춘, 지구상에서 가장 극적이며 아름다운 곳이다. 모든 종류의 트레킹을 아우르는 히말라야 트레킹의 정점이기도 하다.

처음에는 엄두가 안 나지만 일단 아름다움에 빠져들기 시작하면 걷잡을 수 없는 곳. 아직 많은 이들에게 알려지지 않은 미지의 세계. 걷는 자라면, 가슴속에 히말라야를 품고 있는 사람이라면 한 번쯤 꿈꾸는 곳. 환상의 길, 파키스탄 히말라야. 시작해본다.

목 차

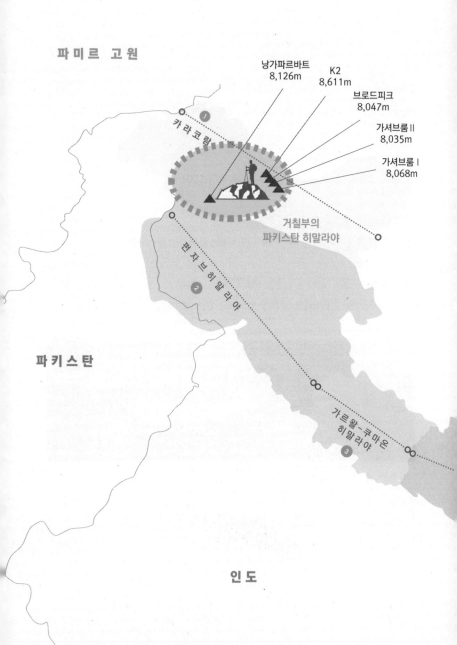

파미르 고원

낭가파르바트
8,126m

K2
8,611m

브로드피크
8,047m

가셔브룸II
8,035m

가셔브룸I
8,068m

카 라 코 람

거칠부의
파키스탄 히말라야

펀자브히말라야

파키스탄

가르왈 - 쿠마온
히말라야

인 도

히말라야산맥과
카라코람산맥

중 국
(티 베 트)

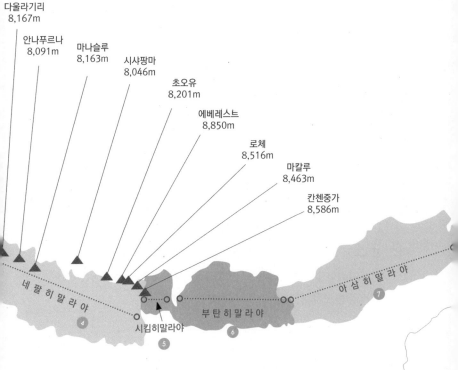

다울라기리
8,167m

안나푸르나
8,091m

마나슬루
8,163m

시샤팡마
8,046m

초오유
8,201m

에베레스트
8,850m

로체
8,516m

마칼루
8,463m

칸첸중가
8,586m

네 팔 히 말 라 야

아 삼 히 말 라 야

부 탄 히 말 라 야

시킴히말라야

④

⑤

⑥

⑦

※ 이해를 돕기 위한 그림으로 히말라야는 중국 국경까지만 표시함.

'눈의 거처'라는 뜻의 히말라야는, 4,500만 년 전부터 남쪽의 인도대륙과 북쪽의 유라시아대륙 충돌로 바다가 융기하면서 형성됐다. 히말라야산맥은 서쪽 인더스(Indus)강과 동쪽 브라마푸트라(Brahmaputra)강을 경계로 무려 2400킬로미터가 쭉 뻗어 있다. 지구상에서 가장 높은 산맥이다. 파키스탄 낭가파르바트(Nanga Parbat 8126미터)부터 중국 티베트의 남차바르와(Namcha Barwa 7762미터)까지, 북서쪽에서 남동 방향으로 활 모양을 그리며 뻗어 나간다. 이 젊은 산맥은 여전히 융기 중이다. 지금까지도 인도 쪽이 티베트 쪽을 매년 5센티미터씩 밀어 올리고 있다. 히말라야산맥은 1년에 1센티미터씩 높아지고 있다. 현재는 에베레스트(Everest 8850미터)가 세계 최고봉이지만, 히말라야 서쪽 끝의 낭가파르바트가 빠르게 높아지고 있어 언젠가는 세계 최고봉이 바뀔 수도 있다.

히말라야는 극지방을 제외하고 세계에서 가장 큰 빙하지대와 그로 인해 생성된 깊은 골짜기가 있다. 인류 문명 발상지였던 인더스, 갠지스와 브라마푸트라강이 히말라야에서 시작한다. 이 세 강의 유역에 세계 인구의 1/6이 살고 있다. 히말라야는 서쪽부터 국가 기준 6개 권역으로 나뉜다. 여기서는 카라코람을 포함해 7개 권역으로 나누어 소개한다.

카라코람(Karakoram)

인더스강을 경계로 북동쪽은 카라코람산맥, 남쪽은 펀자브 히말라야에 면해 있다. 카라코람은 인도양과 중앙아시아의 사막을 나누는 분수령이다. 히말라야와 마찬가지로 유라시아 지각판의 충돌로 인한 조산운동으로 생겨났다. 펀자브 히말라야와 가깝고 지질학적으로도 동일하다. 이런 이유로 대부분의 지리학자와 등산가는 카라코람을 히말라야에 포함한다.

카라코람은 그 자체만으로 세계에서 가장 높은 산맥이다. 480킬로미터 이상 걸쳐 있는 산맥의 평균 높이는 6100미터로, 7300미터가 넘는 히말라야의 75개 봉우리 중 33개가 카라코람에 있다. 히말라야 8000미터 고봉 14개(이하 히말라야 14좌) 중에 K2(8611미터), 가셔브룸 I(Gasherbrum I 8080미터), 가셔브룸 II(Gasherbrum II 8035미터), 브로드피크(Broad Pk, 8047미터)가 이곳에 있다. 극지방을 제외하고 세계에서 가장 넓은 빙하지대 역시 카라코람에 있다.

펀자브(Punjab) 히말라야

펀자브는 '다섯 강의 땅'이라는 뜻이다. 인더스강 동부의 5개 지류(젤룸, 체나브, 라비, 베아스, 수틀레) 유역에 걸친 비옥한 평원지대다. 인더스강으로 나뉘는 카시미르(Kashmir)지역 서남단 히말라야를 모두 포함한다(파키스탄 쪽을 펀자브 히말라야로, 인도 쪽을 카시미르 히말라야로 나누기도 한다). 히말라야산맥 서쪽 끝에 있으며, 히말라야 14좌 중 하나인 낭가파르바트가 있다.

가르왈-쿠마온(Garhwal-Kumaon) 히말라야

인도 히말라야. 네팔 서부 국경인 칼리(Kali)강에서 인더스강의 지류인 수틀레지(Sutlej)강 사이에 있다. 바위로 이루어진 아름다운 봉우리가 많고 접근이 쉬워 일찍부터 등반이 시작되었다. 이 지역에서 가장 신성한 산은 티베트의 카일라스로 시바 신의 옥좌이자 세계의 중심이라 여겨진다. 쿠마온의 난다데비(Nada Devi 7816m)는 시바 신의 배우자인 파르바티 신의 옥좌로 받들어진다.

네팔(Nepal) 히말라야

히말라야산맥의 핵심 구간으로 히말라야 전체 길이의 1/3분을 차지한다. 히말라야 14좌 중 에베레스트, 칸첸중가(Kanchenjunga 8586미터), 로체(Lhotse 8516미터), 마칼루(Makalu 8463미터), 다울라기리(Dhaulagiri 8167미터), 마나슬루(Manaslu 8163미터), 안나푸르나(Annapurna 8091미터), 초오유(Cho Oyu 8201미터) 등 8개가 있다.(히말라야 14좌 중 마지막 봉우리는 티베트의 시샤팡마(Shishapangma 8046미터)로 네팔 국경에서 약 5킬로미터 떨어져 있다.)

시킴(Sikkim) 히말라야

부탄과 네팔 사이에 있는 곳으로 네팔과의 경계에 칸첸중가가 있다. 시킴은 히말라야에서 가장 폭이 좁은 곳이다. 낮은 지역(224미터)과의 표고 차가 무려 8300미터에 이른다. 칸첸중가는 인도의 유일한 히말라야 14좌이지만 현재 인도 쪽 등반이 불가능하다.

신의 영역이라 하여 정부가 등반 허가를 내주지 않는다. 시킴주는 오랫동안 독립적인 왕국이었으나 현재는 인도로부터 일정한 자치권을 부여받고 있다.

부탄(Bhutan) 히말라야

시킴 옆 동쪽의 부탄왕국에 걸쳐 있다. 부탄은 시킴보다 4배가량 넓지만 네팔 히말라야의 1/3에 정도에 불과하다. 대표적인 봉우리는 초몰하리(Chomolhari 7315미터). 넓지 않은 지역이지만 7000미터가 넘는 고봉이 15개나 된다. 남북 간 고도차와 지형의 기복이 심하다. 몬순(계절풍)의 영향으로 비가 많이 내리고 숲이 울창해서 접근이 어렵다.

아삼(Assam) 히말라야

인도 히말라야로 가장 동쪽에 있는 브라마푸트라강의 큰 굴곡부터 부탄의 동쪽 경계까지다. 최고봉은 남차바르와지만 중국 티베트에 속한다. 몬순이 몰고 오는 많은 비를 정면으로 받아서 열대성 숲이 우거져 있다. 이 지역은 히말라야에서 가장 나중에 탐사되어 다른 지역에 비해 덜 알려져 있다. 사람들이 편애하는 8000미터 이상의 고봉도 없고, 해발고도가 비교적 낮기 때문이다. 또한 오랫동안 문화적 고립을 겪었다. 정치적 긴장 역시 아직까지 해소되지 않았다.

※ 『히말라야 도전의 역사 Fallen Giants』의 일부를 요약 정리함.

파키스탄
정보 일반

정식 명칭은 파키스탄이슬람공화국(Islamic Republic of Pakistan)이다. 파키스탄은 우르두어로 '순수한 장소', '순결한 땅'을 뜻한다. 영국 식민지 시절 영국(기독교)과 힌두교가 없는 무슬림(이슬람교도)만의 나라를 만들자는 뜻에서 지어졌다. 독자적인 이슬람 국가 건설을 도모했던 무슬림 연맹의 분리 독립운동의 명칭이기도 하다. 파키스탄의 첫 번째 수도는 무함마드 알리 진나(Muhammad Ali Jinna)가 선정한 신드주의 카라치(Karachi)다. 1959년 수도를 옮기기로 하고, 1967년 8월 14일 파키스탄 독립 20주년에 맞춰 현재의 이슬라마바드(Islamabad)를 새로운 수도로 삼았다. 이슬라마바드는 '이슬람의 도시'라는 뜻이다.

브리티시 인디아(British India)는 종교와 민족의 갈등으로 인도, 파키스탄, 방글라데시로 분리되었다. 2차 세계대전 후 인도 전역은 반영주의가 고조되면서 탈식민지화가 진행되었다. 1947년 8월 14일 파키스탄이 카라치에서 독립을 선포하고, 다음 날인 8월 15일 인도가 델리에서 독립을 선언했다. 이후 1971년 내란으로 동파키스탄이 서파키스탄(현 파키스탄)에서 분리 독립하면서 지금의 방글라데시가 되었다. 파키스탄은 독립 당시부터 카시미르 지역을 둘러싸고 인도와 영토분쟁을 벌여왔으며, 지금까지도 이어지고 있다.

파키스탄 서쪽에는 이슬람 국가인 이란과 아프가니스탄이 있고, 북쪽에 중국 신장자치구를 접하고 있다. 동쪽으로는 카시미르와 펀자브 지역을 사이에 두고 인도와

대면하고 있다. 남쪽은 아라비아해와 접해 있다. 언어는 공용어 우르두어 외에 영어가 통용된다(공문서는 영어로 작성한다). 그밖에 펀자브어, 신드어, 푸쉬트어 등이 사용된다. 종교는 국교인 이슬람교가 약 96%를 차지한다(그 외 기독교 및 힌두교 등).

이슬람은 '평화롭게 되는 것', '신에게 귀의하는 것'이라는 뜻이며, 무슬림은 이슬람 교리를 믿는 사람으로 '복종하는 사람'이란 뜻이다. 꾸란(Qur'an, 이슬람교 경전)에 따라 무슬림이 먹을 수 있는 음식을 할랄(Halal)이라고 하며, 신의 이름(알라)으로 도축하고 섭생하는 육식은 소고기, 낙타고기, 닭고기, 토끼고기, 비늘이 있는 물고기 등이다. 반면 금지된 음식은 하람(Haram)이라 하며 술과 마약처럼 정신을 혼미하게 하는 것, 돼지고기, 개, 고양이 같은 동물, 피를 모두 빼지 않고 잔인하게 도살된 짐승 등이다

남저북고 지형의 파키스탄은 세계 4대 문명의 발상지인 인더스강이 국토의 중앙을 지난다. 면적은 한반도의 약 3.6배로 세계 33위다(인구는 2억 2,519만 명으로 세계 5위).

서남부의 발루치스탄(Balochistan)은 파키스탄에서 가장 면적이 넓지만 인구는 가장 적다. 건조한 평야 지역의 경우 한여름 기온이 50도까지 올라가고, 산악지역은 겨울에 영하로 떨어진다. 남쪽은 광활한 평야에 바다를 접하고 있다. 이 지역은 몬순의 영향으로 연중 무덥고 습하다. 북서쪽은 힌두쿠시산맥이, 북동지역은 카라코람산맥과 히말라야산맥의 거봉들이 집중되어 있다. 이 지역은 히말라야산맥에 막혀 몬순의 영향을 거의 받지 않아서 여름에도 고온건조하다. 10월부터 이듬해 4월까지는 강설량이 많고 기온이 급격히 떨어진다.

파키스탄은 외교통상부 지침에 따라 전역이 여행제한지역(3단계)이다. 이란 및 아프가니스탄과 국경을 맞대고 있는 서쪽은 급진적 이슬람주의 집단인 탈레반과의 대립이 빈번했던 곳이다. 카시미르 지역은 인도와 가깝고 정치적, 종교적 분쟁이 끝나지 않은 곳이다. 이들 지역은 외국인 여행자의 출입이 제한될 수 있어 확인과 주의가 필요하다. 낭가파르바트 지역은 2013년 테러 이후 정부 차원에서 무장 경찰이 여행자를 보호해준다.

이런 이유로 어느 나라도 파키스탄 트레킹과 관련된 여행자 보험을 취급하지 않는다. 그러나 막상 현지에서 여행자가 느끼는 위험은 크지 않다. 대개의 군인과 경찰, 주민이 여행자에게 호의적이며 친절하다. 꾸란 역시 여행자에 대한 선의를 강조한다. 특별하게 위험한 지역을 제외하면 유의사항 등을 잘 숙지할 경우 큰 문제는 없을 것이다.

파키스탄 북부는 보수적인 무슬림 지역이자
분쟁이 끝나지 않은 곳으로 주의가 필요하다.

✔ 트레킹 지역 대부분이 국경과 가까워 군사 시설을 자주 만난다. 이런 곳을 지날 때는 사진을 찍지 않도록 한다. 현지인을 촬영할 때는 동의를 구하는 것이 좋다. 여성을 촬영할 때는 더 조심해야 하며 허락 없이 사진을 찍어서는 안 된다. 자칫 봉변을 당할 수 있다.

✔ 이슬람 관습에 어울리는 옷차림으로 그들을 존중하고 있음을 보여주는 게 좋다. 여성 여행자는 노출이 심한 옷이나 몸에 붙은 옷을 삼가고, 남성 역시 짧은

옷차림을 자제하여 반감을 주지 않도록 한다. 유적지나 종교시설에 입장할 때는 위아래 긴 옷을 착용해야 한다.

✓ 이성 간 불필요한 신체접촉은 하지 않는다. 트레킹 중에는 많은 남자 스태프나 포터들과 함께한다. 여성의 경우 지나친 스킨십을 하지 않도록 한다. 현지인들은 도움이 필요한 여성 손님의 손을 잡는 것도 매우 조심하며, 손대신 손목이나 팔뚝을 잡기도 한다.

✓ 우리나라에서도 하지 않는 히치하이킹을 재미로 하지 않는다. 현지 여행자들도 많은 곳이라 남녀 불문 조심하는 게 좋다.

✓ 자존심이 강한 무슬림들을 자극하는 행위나 문화적인 혐오, 종교적인 금기 사항을 유념한다. 어떤 경우라도 그들의 종교적, 문화적, 종족적 자존심을 건드려서는 안 된다.

✓ 집에 초대받았을 때는 선물을 순비하는 것이 좋다. 집에 초대해도 남자가 접대하는 경우가 대부분이고, 남자들이 시장을 보는 게 당연한 문화다. 그러나 낯선 사람의 초대에 응하는 것은 조심해야 한다.

✓ 여행 중에는 술은 삼가길 권한다. 이슬람 국가는 율법 상 돼지고기와 술을 엄격하게 금한다. 외국인이 주류 반입이나 음주 행위로 문제가 생길 겨우, 매우 복잡해지고 추방당할 수도 있다.

✓ 이슬람 관습상 오른쪽은 선과 행운, 왼쪽은 악과 불행으로 생각한다. 왼손은 화장실 뒤처리 시 사용하므로 악수를 할 때는 두 손보다 오른손만 내밀도록 한다. 왼손잡이라도 손님으로 초대받았다면 음식을 먹을 때와 악수할 때만은 오른손을 사용하는 것이 좋다.

파키스탄 히말라야
트레킹 가이드

01
항공권 구입 요령 및 현지 여행사

한국에서 파키스탄으로 가는 직항 편은 없다. 트레킹 팀 대부분이 타이항공(인천-방콕-이슬라마바드)이나 에어차이나(김포/인천-베이징-이슬라마바드)를 이용한다. 필자가 이용한 현지 여행사는 '써밋 카라코람'으로 국내 원정대와 트레킹 팀이 자주 이용하는 곳이다. summitkarakoram@gmail.com

02
비용

파키스탄은 히말라야에서도 가장 열악하고 험하다. 네팔 히말라야처럼 여행자를 위한 편의 시설이 잘 되어 있거나, 길이 뚜렷해서 혼자 나설 수 있는 곳이 아니다. 북부 산악지대는 상당한 오지에다 고립된 곳이 많아 외지인의 접근이 어렵다. 어느 곳을 가나 빙하가 있기 때문에 반드시 그 지역을 잘 아는 가이드의 안내를 받아야 한다. 트레킹에 필요한 모든 식량과 살림살이를 지고 가야 하고, 그만큼 고용해야 할 인력과 비용이 많이 필요하다. 장거리 트레킹이라면 작은 마을 하나가 이동하는 것과 같다.

북부 지역은 웬만하면 팀을 이뤄서 가는 게 좋다. 혼자 현지인을 고용해서 마을 주변의 짧은 코스를 다닐 수는 있겠지만 한계가 있다. 또한 오지에서는 어떤 위험을 만날지 모른다. K2 트레킹 같은 장기 트레킹이나 이에 버금가는 곳은 반드시 팀으로 가야 한다.

여행사를 통해야만 허가를 받을 수 있고, 비용 면에서도 유리하다.

히말라야 트레킹 비용은 딱 떨어지게 말할 수 없는 부분이 있다. 어떤 곳을, 어떤 방법으로, 몇 명이 가느냐에 따라 금액 차이가 크기 때문이다. 순수 트레킹 비용만 따졌을 때 하루에 30달러면 되는 곳이 있고, 300달러 이상 필요한 곳도 있다.

K2 트레킹 기준으로 현지 여행사냐 국내 여행사냐에 따라 비용이 2배 정도 차이난다. 현지 여행사는 모든 것을 직접 알아보고 준비해야 한다. 현지 담당자와 영어로 의사소통을 해야 하는 부담이 있다. 낯선 이들과 같이 할 경우 의견 조율이 되지 않아 팀이 와해될 위험도 있다. 금액이 저렴한 만큼 각자가 부담해야 할 책임과 의무가 크다. 대신 상대적으로 저렴하게 여행 루트를 마음대로 만들 수 있는 장점이 있다.

국내 여행사의 경우 인솔자가 있어서 모든 것을 챙겨준다. 음식부터 잠자리까지 최상의 상태를 제공하지만 정해진 루트로만 움직일 수 있다. 금전적 여유가 있고, 잡다한 문제에 신경 쓰고 싶지 않고, 현지 음식에 석응할 자신이 없으면 국내 여행사를 추천한다. 필자의 경우 60일 일정, 6명이 동행한 여정에 1인당 약 7천달러가 소요되었다. 52일 여정에 5명 그룹일 때는 1인당 약 6천달러가 들었다. 항공료, 팁, 공통비, 한식 재료비 등이 모두 포함된 금액이다. 한식을 고집하지 않는다면 이보다 더 저렴하다.

03
준비과정(필자 기준)

파키스탄 북부는 외국인의 출입이 까다롭거나 금지하는 곳이 있다. 가고 싶은 곳이 있으면 우선 현지 여행사와 상의해서 일정을 만든다. 필자의 경우 보통 50~60일, 새로운 곳 위주로 계획한다. 그 다음 해당 지역이 가장 아름다운 시기를 골라 날짜를 정하고 항공편을 알아본다. 마지막으로 구체적인 계획이 나오면 그때부터 동행자를 구한다. 동행자는 히말라야 경험자를 우선으로 한다. 고산 트레킹 경험을 하지 않은 사람은 스스로를 살피기 어렵기 때문이다. 히말라야에서 몇 차례 불미스러운 일을 겪은 뒤로는 음주와 흡연 여부 등도 확인하고 있다. 마지막으로 예비 모임을 통해 얼굴을 확인하고 필요한 규칙을 공유한다. 트레킹 허가 등 관련 서류는 직접 챙겨서 현지 여행사에 보낸다.

고소증

고도의 상승으로 기압이 낮아지고 산소량이 감소하면서 나타는 증상이다. 보통 3000미터 전후에서 증상이 나타나고, 4000미터가 넘어가면 심해진다. 대기 중 산소량은 3000미터 68%, 4000미터 60%, 5000미터 53%, 8000미터 36%이다.

고소증은 일반적으로 부종, 두통, 호흡 곤란, 심박 증가, 혈액 순환 장애, 구토, 설사, 복통, 근육통, 식욕 저하, 소화 불량, 무기력, 불면증, 히스테리, 거친 꿈 등 다양하게 나타난다. 이중 가장 흔하게 나타나는 증상은 부종, 두통, 호흡 곤란이다. 구토 증상까지 발생하면 위험 수준이다. 폐에 물이 차는 폐수종이나 뇌에 물이 차는 뇌수종이 발생할 경우 사망에 이를 수 있다.

낮에는 증상이 없다가 밤에 심각해지기도 한다. 평소 몸 상태와 다르다고 판단되면 가이드 등에게 알려서 적절한 조치를 받아야한다. 증상이 심해지면 즉시 하산해야 하고 심각하면 헬기를 불러야 한다.

고산 적응 방법

– 충분한 휴식을 하며 천천히 고도에 적응하는 게 가장 좋은 방법이다. 일정한 속도로 숨이 차지 않게 걷는다. 고산 적응은 천천히 걷는 사람이 가장 유리하고, 빨리 걷고 빨리 움직이는 사람이 가장 불리하다.

– 하루에 3~4리터의 물을 충분히 마셔주는 게 좋다. 산소가 적은 고산에선 호흡량이 많아진다. 건조한 공기와 기압의 저하가 수분 손실의 주된 이유다. 수분이 부족하면 혈액의 점도가 증가하여 혈액 순환이 원활하지 않다. 따뜻한 물이 좋으며 신진대사가 원활할수록 고산 적응에도 유리하다.

– 적응되기 전까지 하루에 500미터 이상 올리지 않는다. 4000미터 전후에선 고산 적응을 위해 하루 휴식하는 게 좋다. 휴식을 할 때도 조금씩 움직여준다. 그날 머무는 장소보다 높은 곳에 다녀오면 좀 더 수월하게 적응된다.

– 체온을 유지한다. 몸을 따뜻하게 하고 잘 때도 모자를 써서 보온에 신경 쓴다. 고산 적응 전에 몸을 씻는 것도 금물이다.

– 고산에선 소화가 잘 되지 않는다. 한꺼번에 많이 먹는 것보다 조금씩 자주 먹는다. 음식은 혈액 속 산소 포화도를 올릴 수 있는 고(高)탄수화물(밥, 빵, 과일, 감자 등)을 섭취하는 게 좋다.

– 담배와 술은 도움이 되지 않는다. 담배는 심폐 기능에 부정적 영향을 미친다. 술은 호흡 속도를 늦추고, 심장에 무리를 준다. 알코올을 분해하느라 간의 피로 회복 기능도 저하된다.

– 고산병 관련 처방 : 두통약(아스피린, 타이레놀 등), 다이아목스(이뇨제. 부작용으로 손발 저림 증상이 있음. 처방전 필요), 비아그라(사람에 따라 효과와 부작용 다름. 처방전 필요), 식염 포도당(염분과 전해질 보충에 도움)등이다.

준비물

환전 및 비자 발급 준비

- 환전 : 100달러가 현지 환전에 유리하다. 팁은 현지 화폐로 지급한다.

- 여권 분실 대비 : 여권 사본 2장(A4 그대로)과 여권 사진 2장을 따로 보관한다.

- 신용 카드 : 해외에서 사용가능한 신용 카드를 비상용으로 준비한다.

- 퍼밋(허가증) 서류 : 퍼밋 신청서, 여권 사본, 사진 1장 → 현지 여행사에 전송한다.

- 비자 신청 : 출발 전 한국에서 미리 발급받는다.

파키스탄 대사관을 통해 직접 비자를 신청할 경우
필요 서류(여행사 대행 가능)

✔ 비자 신청서(파키스탄 대사관 또는 홈페이지)

✔ 여권(유효 기간 최소 6개월 이상), 여권 사본 1장(A4 그대로)

✔ 여권 사진 2장(흰색 배경)

✔ 영문 여행 계획서(비행기 편명 등 관광 일정으로 작성, 트레킹 목적이라고 쓰면 안됨)

✔ 왕복 티켓(e-티켓)

✔ 호텔 예약 확인서 및 초청장(현지 여행사에 요청)

✔ 영문 재학 증명서 또는 재직 증명서

　　(사업자-사업자등록증 사본, 기타-영문 주민등록등본 1통)

✔ 3개월 단수 3만원, 소요 기간 3일(오전 접수, 이틀 뒤 오후에 수령)

※ 파키스탄 대사관 방문 전 공휴일인지 확인하는 것이 좋다.
※ 2019년부터 파키스탄 대사관 홈페이지에서 도착 비자를 발급하고 있다.
※ 2021년 6월 기준, 코로나19 상황으로 대사관 창구 접수는 불가능하고 온라인으로만 가능하다.

트레킹 용품 준비

※ 히말라야에서는 사계절용 등산복과 장비가 모두 필요하다.
※ 장기 트레킹인 만큼 모든 준비물을 독립적으로 준비해야 서로 불편함이 없다.
※ 포터의 짐은 1인당 25킬로그램이므로 초과하지 않도록 한다.

카고백/배낭/보조 가방

- 카고백 : 100리터 이상 되어야 넉넉하게 수납하기 좋다. 내부를 대형 비닐로 감싼 후 짐을 정리하면 방수 효과가 있고, 오염을 방지할 수 있다.
- 작은 카고백 : 일정이 길 경우 중간에 짐을 보관할 용도로 필요하다.
- 당일 배낭 : 40리터 전후의 배낭이 요긴하다. 카고백과 마찬가지로 가방 안을 비닐로 감싸는 게 좋다. 걸을 때는 5~6킬로그램 정도의 무게가 적당하다.
- 배낭 커버 : 바람에 날아가지 않도록 고정시킬 수 있는 커버가 좋다.
- 보조 가방 : 여권이나 돈 등 중요한 물품을 넣고 다니는 용도로 필요하다.

등산화 외

- 중등산화 : 장거리 트레킹은 발목까지 올라오는 중등산화에 딱딱한 비브람창이 좋다. 깔창과 등산화 끈을 여분으로 준비한다. 등산화가 불안하다면 예비 등산화를 준비하길 권한다. 오래된 등산화의 경우 밑창이 떨어질 수 있다.
- 슬리퍼 : 기내, 현지 투어, 샤워 시 편리하다.
- 운동화 또는 경등산화(예비용) : 필요한 사람은 따로 챙겨 간다.
- 등산화 왁스 : 장기 트레킹 시 등산화 관리를 위해 필요하다(비닐 장갑 필요).
- 스패츠, 아이젠, 스틱 한 쌍 : 필수
- 무릎 보호대 : 예방 및 비상용으로 준비

등산복 : 세탁을 자주 못하므로 상황에 맞게 준비한다.

– 등산복 상의 : 여름용 긴팔2, 반팔2(+팔토시), 겨울용2

– 등산복 하의 : 여름용 긴바지3, 반바지1, 가을용1

– 기능성 내복 : 상·하 1~2벌(여름옷+내복=가을옷/가을옷+내복=겨울옷)

– 기능성 속옷 : 빨리 마르는 기능성 속옷으로 여유 있게 준비한다.

– 우모복 상의 : 두꺼운 것보다 경량 다운 재킷 2개가 유용. 1개는 배낭에 넣어 다닌다.

– 우모복 하의 : 얇은 것으로 준비한다. 빙하에서 야영할 때 따뜻하게 지낼 수 있다.

– 바람막이 : 바람이 불 때 유용하다. 평소 배낭에 넣어 다닌다.

– 비옷 : 상·하 분리된 것이 좋다. 추울 때 덧입을 수 있다(고어텍스 재킷과 바지).

– 등산 양말 : 4~5켤레. 울, 야크 털 등의 소재로 준비한다.

– 버프 : 2개. 체온 유지 및 바람이나 햇빛 차단에 필요하다.

모자/장갑/수건

– 챙 넓은 모자 : 햇빛과 빗물(눈)을 차단할 수 있다. 자외선이 강하다.

– 보온용 털모자 : 2개 정도. 고지대에서 반드시 필요하다.

– 장갑 : 여름용1, 가을용1, 겨울용1

– 수건, 손수건 : 잘 마르는 소재로 챙긴다. 저지대는 덥고 뜨거워서 땀을 많이 흘린다.

야영 장비

– 텐트 : 1인 1텐트. 현지 여행사가 준비한다.

– 매트리스 : 여행사가 준비하지만 은박 돗자리 정도 챙겨 가면 좋다.

– 침낭 : 충전재 1000그램 이상의 동계 침낭이 필요하다.

- 베개 : 필요할 경우 에어 베개를 챙기거나 옷가방을 이용한다.
- 핫팩 : 추위를 많이 타는 사람은 4000미터 이상에서 야영하는 날짜 개수만큼 준비
  한다.

트레킹 시 필요한 장비

- 헤드 랜턴 : 여유분으로 하나 더 챙긴다(건전지 포함).
- 선글라스 : 자외선이 강하므로 짙은 색이 필요하다. 반드시 여유분을 하나 더 준비한다.
- 손목시계 : 고도시계 등. 트레킹 시 휴대폰 보다 시간 확인에 유용하다.
- 물통 1리터 2개+커버 : 추울 때 따뜻한 물을 부어서 침낭 안에 넣고 자면 좋다.
- 휴대용 정수기 : 빙하 녹은 물은 탁하다. 마실 물을 정수할 때 필요하다.
- 야외용 방석 : 중간에 휴식할 때 유용하다.
- 우산 : 가벼운 3단 우산 정도. 비옷이 더울 때 요긴하다.

카메라/메모리/배터리(파키스탄 전압 : 220V)

- 카메라 및 메모리 : 트레킹 시 미러리스 카메라 정도가 덜 부담스럽다.
- 배터리 : 충전이 여의치 않으므로 여유 있게 준비한다. 휴대용 보냉팩에 보관하면
  기온이 떨어졌을 때 방전되는 것을 방지할 수 있다.
- 보조 배터리 : 10000mAh 2개(용량 표시가 없을 경우 공항 검색대에서 압수될 수 있다).
- USB 케이블 : 이동하면서 망가질 수 있으니 여유 있게 준비한다.
- 카메라 충전기 : USB 케이블로 충전 가능한 제품이 유용하다.
- 태양광 충전기 : 충전할 곳이 거의 없으므로 챙겨 가면 도움이 된다.
- 오디오북, 음악, 영화 등 : 생각보다 개인 시간이 많다. 무료함을 달랠 것들을 준비한다.

세면/세탁 🧴

- 칫솔, 치약 : 장기 트레킹일 경우 여유분도 준비한다.
- 클렌징 티슈 : 선크림 지우는 용도로 일정에 맞게 준비한다.
- 비누, 샴푸 : 씻을 곳이 많지 않으나 호텔이나 로지에서 필요할 수도 있다.
- 빨래비누 : 여건이 될 때마다 빨래를 해두는 게 좋다(가루비누는 환경오염 문제가 있다).
- 빨래집게 또는 큰 옷핀 : 빨래 널 때 요긴하다.
- 빨랫줄 : 등산용 끈이나 튼튼한 노끈을 준비한다. 활용도가 높다.
- 세탁소 철제 옷걸이 : 몇 개 챙기면 빨래 널 때 편하다.
- 고무장갑 : 고산에선 물이 차갑다.

화장품 및 위생용품 🧻

- 수분크림 : 자외선이 강하고 건조하므로 반드시 준비한다.
- 입술크림 : 고산에서 입술이 갈라지면 식사할 때 고생한다.
- 선크림 : SPF50+, PA+++ 등 차단 지수가 높은 것으로 준비한다.
- 코인 티슈/물티슈 : 씻을 여건이 좋지 않다. 날짜에 맞춰 필요한 양만큼 준비한다.
- 화장지 : 여행사에서 준비하지만 일정에 맞게 개인적으로 준비하는 게 편하다.
- 생리대(여성)/면도기(남성) : 필요한 경우 준비한다.

간식류 ☕

- 간식(육포/초콜릿/사탕/소시지/미숫가루/껌 등) : 취향대로 준비한다.
- 음료(커피, 홍차, 주스, 밀크티, 블랙티 등) : 현지 여행사가 제공한다.

- 끓인 물을 그냥 마시는 것보다 둥굴레차 등을 타서 마시는 게 낫다.
- 부식 : 현지에서 한식재료를 구입할 수 있지만 비싼 편이다. 짐 무게에 여유가 있으면 고추장, 된장, 미역, 북어포, 누룽지, 김, 절임반찬, 카레/짜장 가루, 라면 등을 챙겨간다. 입맛을 잃었을 때 큰 도움이 된다.

비상약 : 현지 스태프에게도 필요하므로 넉넉히 챙긴다. ✚

- 지사제 : 물 사정이 좋지 않아 설사로 고생하는 일이 많다. 좋은 약으로 준비한다.
- 유산균 : 장이 민감한 사람은 유산균을 넉넉히 준비하여 꾸준히 복용한다. 설사가 심할 때도 도움이 된다.
- 두통약, 감기약, 소화제, 항생제, 소염진통제, 파스, 근육이완제, 입술포진연고, 고소예방약(다이아목스, 비아그라 등), 상처연고, 밴드(크기별), 반창고, 붕대 등
- 피로회복제(비타민B군) : 체력적으로 무리가 따르는 트레킹이므로 챙길 것을 권한다.
- 비타민C : 신선한 과일과 채소가 부족할 수 있으므로 챙겨간다.
- 물파스 등 : 베드 벅 및 기타 벌레에 물렸을 때 필요하다(스프레이 형태는 수화물 불가).

기타 🔒

- 수첩, 필기구 : 장거리 여행 기록용으로 준비한다.
- 자물쇠 : 번호 자물쇠가 좋고 이동 시 필요하다(여유분 필요).
- 손톱깎이, 반짇고리, 라이터(비상용으로 준비. 항공사 별 기준이 다르므로 확인 필요)
- 큰 비닐봉지 : 빨래 및 등산화 등을 넣을 때 필요하다.
- 지퍼 백(사이즈별로) : 소소한 물건 및 남은 음식을 담을 때 유용하다.
- 다용도 칼 : 비상용으로 준비한다.

Chapter 1

벌거벗은 산

낭가파르바트 페어리 메도우 / 루팔

펀자브 히말라야의 대표적인 고봉 낭가파르바트. 산스크리트어로 '벌거벗은 (Nanga)산(Parbat)', 셰나어로는 '디아미르(Diamir)', '산중의 왕'을 뜻한다. K2와 더불어 등반 난이도가 높은 산으로 악명이 높아 '악마의 산', '죽음의 산 (Killer Mountain)'으로 불리기도 한다.

낭가파르바트의 대중적인 트레킹 코스는 페어리 메도우(Fairy Meadows 3306 미터)와 루팔(Rupal)의 바진캠프(Bazhin Camp 3550미터)가 있다.

타토(Tato 2600미터)까지 삭막하고 아찔한 벼랑길을 지나면, '요정의 초원'이 라 불리는 페어리 메도우를 만난다(1932년 낭가파르바트 독일 원정대가 붙여준 이름이다). 여기서 하루면 낭가파르바트 북쪽 베이스캠프(Nanga Parbat BC 3967미터)에 다녀올 수 있다. 7~8월에는 거대한 라이코트빙하(Raikot Gl.)와 함께 다양한 야생화를 볼 수 있다.

힌디어로 '아름다운'을 뜻하는 루팔은 타라싱(Tarashing 2911미터)에서 시작 한다. 남쪽 베이스캠프인 바진캠프까지 하루에 가능하다. 당일 트레킹도 좋지 만, 보통 바진캠프에서 하룻밤 야영한다. 이곳에서는 표고 차 4500미터에 달하 는 낭가파르바트 남면 루팔벽을 바로 앞에서 볼 수 있다. 바진빙하(Bazhin Gl.) 와도 가깝다.

낭가파르바트의 북쪽과 남쪽의 베이스캠프는 하루면 닿을 거리지만, 루팔에서 마제노패스(Mazeno Pass 5399미터)를 넘으면 남-서-북-동의 베이스캠프 모 두를 돌아볼 수 있다. 이른바 낭가파르바트 라운딩이다. 매력적인 이 코스는 한 달 정도 소요된다. 지역이 바뀔 때마다 포터를 바꿔야 하는 번거로움이 있어 결 코 수월하지는 않다.

낭가파르바트 페어리 메도우 진행경로

타토 → 페어리 메도우 → 베얄 → 낭가파르바트 북쪽 베이스캠프 (원점 회귀)

출발/도착
타토 2,600m
젤 2,666m
페어리 메도우 3,306m
베얄 3,500m
뷰포인트 3,667m
낭가파르바트 북쪽 베이스캠프 3,967m

낭가파르바트 루팔 진행경로

타라싱 → 루팔 → 바진캠프 (원점 회귀)

라이코트 7,070m
티라싱 2,911m
출발/도착
낭가파르바트 8,126m
뚜 진 랑 하
바진캠프 3,550m (헬리콥터 베이스캠프)
루팔 3,100m

요정의 초원, 페어리 메도우

외국인이 거의 없는 이슬라마바드 공항엔 흰옷을 입은 무슬림뿐이었다. 왠지 이 낯선 나라가 조심스러워서 카메라를 꺼내려다가 그대로 넣었다. 공항을 빠져나오자마자 나는 '사키'부터 찾았다. 여행을 준비하면서 숱하게 메일을 주고받았던 현지 여행사 매니저다. 서로 만난 적은 없었지만 우린 서로를 한 번에 알아보았다. 수줍고 어색한 인사를 나누자, 기다리고 있던 직원들이 우리에게 커다란 꽃다발을 안겨주었다. 과한 환영에 괜히 민망하면서도 좋았다.

네팔 히말라야 횡단을 마치고 나자 파키스탄에서도 여러 날 걷고 싶었다. 하지만 파키스탄은 네팔처럼 여자 혼자 다니기에 안전해 보이지 않았다. 경비 문제도 있었다. 이참에 모험을 해보기로 했다. 인터넷을 통해 생판 모르는 사람들을 모집했다. 그렇게 나이(40~60대)와 성별(여4, 남2)이 제각각인 6명이 모였다. 무모하고, 위험하며, 불확실성이 큰 여정이었다. 오래 알아왔거나 심지어 함께 사는 이들이라도 장기 여행은 쉽지 않다고들 했다. 상대방의 사소한 습관이 신경을 긁고, 취향의 다름이 불편이 되고, 배려의 유효 기간은 짧다고. 친함은 미움이 되고 서로 원수가 되어 끝난다는, 숱하게 들었던 단체 여행의 결말. 더구나 낯선 사람들과의 낯선 여행이 아니던가. 과연 우리는 어떻게 될까?

자정에 민박집에 도착했다. 한국 기준으로 새벽 4시. 간단히 요기를 하고 사키와 경비부터 계산했다. 6명이 60일 동안 사용할 경비가 상당했다.

지폐를 세는데 손끝이 아려왔다.

이런 식의 여행이 처음이라서 경비를 어떻게 치러야 할지 고민됐다. 먼저 다녀온 이들이 여러 조언을 해줬다. 여행 경비를 나눠서 지불할 경우, 중간에 포기하는 사람들은 나머지 경비를 지불하지 않을 거라고 했다. 실제로 몇 년 전에 그런 팀이 있었던 모양이다.

돈에는 여러 위험이 도사리고 있었다. 일행들이 가지고 있을 때의 위험, 내가 가지고 있을 때의 위험, 현지 여행사가 가지고 있을 때의 위험. 나는 마지막 위험을 택했다. 한국 원정대를 포함해서 많은 한국인을 상대했던 여행사를 믿어 보기로.

이슬라마바드의 아침은 무더웠다. 잠을 거의 못 잤다. 그래도 생소한 나라에 대한 궁금증이 무서운 눈꺼풀을 들이 올렸디. 인생이 참 재미있다. 내가 히말라야에 가게 될 줄 몰랐던 것처럼 파키스탄에 오게 될 줄도 몰랐다. 파키스탄이라는 나라가 어디에 있는지, 그곳에 히말라야와 카라코람이 있는지. 이 나라에 대해 순수하게 무지했던 내가 지금 여기 있다.

바부사르탑(Babusar Top 4170미터)으로 올라가던 차가 멈췄다. 산소가 희박해지는 고산에서는 자동차 엔진도 힘을 쓰지 못했다. 차가 수리되는 동안 고개까지 걸어갔다. 1년 중 서너 달 정도만 개방하는 바부사르탑에는 지난겨울에 내린 눈이 아직도 남아 있었다. 발아래 펼쳐진 초원만이 지금이 여름임을 알려주었다. 칠라스(Chilas) 가는 길에 들른 검문소에선 군인들이 우리를 사무실까지 불러 일일이 얼굴을 대조하며 확인했다. 어떤 군인은 농담인지 진담인지 포즈를 취하며 사진을 찍어 달라고도 했다. 분위기는 괜찮았다. 중국이나 네팔과는 사뭇 달랐다.

페어리 메도우에 가기 위해선 라이코트 브릿지(Raikot Bridge)에서 차량을 바꿔 타야 했다. 타토는 마을에서 운행하는 차량으로만 접근이 가능했다. 우리를 태운 차는 좁은 비포장도로를 아슬아슬하게 달렸다. 감히 창밖을 내다볼 엄두가 나지 않았다. 아찔한 벼랑길이 금방이라도 무너질 것 같았다. 우리가 탄 차가 벼랑 아래로 떨어지는 상상이 어지럽게 지나갔다. 맞은편에서 다른 차가 내려오면 차마 눈 뜨고 볼 수 없는 장면이 연출됐다. 벼랑 끝에 걸린 차가 뒤뚱거리며 지나갈 때마다 손에 힘이 들어갔다. 보는 것만으로도 온몸이 경직됐다. 고소공포증이 있는 사람들은 이 길에서 까무러치기도 한다더니. 충분히 이해가 갔다.

타토에서 내린 우리는 5분 쯤 걸어서 젤(Jhel 2666미터)에 도착했다. 본격적인 트레킹은 여기서부터 시작된다. 휴게소에서 허술한 점심 도시락을 먹는 동안 비가 부슬부슬 내렸다. 우산을 쓰고 가이드를 따라 터벅터벅 걸었다. 걷기 시작한 지 1시간 정도 지나자, 황량함의 극치였던 풍경이 어느새 울창한 숲으로 바뀌었다. 보통은 산 아래가 울창하고 위로 올라갈수록 황량해지기 마련인데 여긴 반대였다. 가까운 곳에 빙하가 있는 것도 남달랐다. 회색 모래를 쌓아 올려둔 것 같은 라이코트빙하 아래

바부사르탑 아래로 펼쳐진 초원

아찔한 벼랑길을 달리는 자동차

라이코트빙하

로 회색 생명수가 콸콸 흘러나오고 있었다.

히말라야 삼나무와 전나무로 둘러싸인 페어리 메도우에서 또 한 번 감탄했다. 동화 속에 나올 법한 통나무 집, 푸르디푸른 초원, 그 위를 한가롭게 누비는 말과 양 떼, 이국적인 모습의 주민들, 크리켓(영국에서 유래되어 파키스탄의 민족 스포츠가 됐다)을 즐기는 아이들… 요정의 초원이라는 이름 그대로의 풍경이 눈앞에 펼쳐졌다.

간밤에 노새가 애처롭게 울었다. 발정이 난 건지, 원래 녀석들의 습성인지는 모르겠다. 귀엽게 생긴 녀석들인데 울음소리는 괴상했다. 떼를 쓰는 것 같기도 하고 뭔가 간절하면서도 서러운 듯, 듣고 있으면 괜히 웃

페어리 메도우

음이 나는 소리였다. 만화에서 노새기 희희화되는 데는 아마 귀여운 외모와 함께 울음소리도 한몫하지 않았을까 싶다.

비는 그쳤지만 구름은 여전히 낭가파르바트 주변에 머물러 있었다. 낭가파르바트는 히말라야 14좌 중 가장 먼저 등반이 시도되었다. 계속되는 실패로 최초 등정 이전까지 31명의 목숨을 앗아간 죽음의 산이기도 하다. 산악인들 사이에서 세계 최고봉인 에베레스트보다 더 자주 언급되는 이유이다.

2013년 6월 낭가파르바트 서면 디아미르 베이스캠프(Diamir BC 4000미터)에서였다. 괴한의 총에 잠자던 외국 산악인 10명이 사망했다.

이후 파키스탄 주요 지역의 여행자는 무장 경찰의 호위를 받기 시작했다. 이 사건으로 파키스탄을 찾던 많은 여행자의 발길이 끊겼고 아직도 영향을 미치고 있다.

느긋하게 아침을 먹고 베얄로 향했다. 간단한 트레킹이라 가벼운 차림으로 나섰다. 베얄은 여름 한철 방목할 때만 사람들이 있는 마을이다. 흰 수염이 가득한 할아버지 경찰이 우리에게 주민들의 사진을 찍지 말라고 했다. 가이드 역시 위험한 사람들이라며 혼자 다니지 말 것을 당부했다. 실제로 한 일행이 아이들 사진을 찍으려고 하자 한 아이가 일그러진 표정으로 강하게 거부했다. 베얄은 다른 지역보다 주민들이 보수적이고 엄격했다. 마을이나 가옥의 사진을 찍는 것도 조심스러웠다. 특히 여

가이드와 할아버지 경찰

자들 사진을 함부로 찍다간 주민들의 공격을 받을 수도 있다고 해서 주의해야 했다.

라이코트빙하가 한눈에 들어오는 뷰포인트(View Point 3667미터)에는 파키스탄 여행자들도 있었다. 그중 한 명이 할아버지 경찰에게 총을 빌려 자연스럽게 포즈를 취했다. 무려 실탄이 든 총이었다. 총은 곧 다른 여행자의 손으로 넘어갔고, 그들도 똑같이 사진을 찍었다. 이 정서를 어떻게 이해해야 할까. 파키스탄 경찰은 너무 친절했다.

다른 여행자들은 내려가고 우리 일행은 낭가파르바트 북쪽 베이스캠프로 향했다. 걷는 동안 가이드 압바스가 풀을 먹는 시범을 보였다. 그가 알려준 풀은 신맛이 났다. 어렸을 때 유독 신맛이 나는 풀을 좋아했다. 클로버처럼 생긴 풀도 있었고 떡잎처럼 순이 여린 것도 있었다. 그중에 제일은 싱아였다. 압바스가 알려준 풀을 싱아잎과 비슷한 맛이 났다. 어느 나라든 신맛이 나는 풀은 먹어도 되는 모양이다.

지금껏 내가 아는 히말라야는 처음도 끝도 네팔이었다. 그래서 파키스탄 역시 네팔과 크게 다르지 않을 거라고 여겼다. 와서 보니 달랐다. 그것도 아주 많이 달랐다. 눈앞에는 빙하가 펼쳐져 있는데 우리가 서 있는 곳은 온갖 야생화로 빼곡했다. 한 번도 상상해본 적 없는 장면이었다. 극한의 상황과 조화를 이루고 있는 야생화라니, 놀랍기만 할 뿐이었다. 나는 태어나서 처음 본 물건을 마주한 아이처럼 이곳이 이상하면서도 신기

낭가파르바트 북쪽 베이스캠프의 설산과 야생화

할아버지 경찰이 내 준 총을 들고

빙하를 따라 내려가는 길

했다. 그리고 무척 마음에 들었다. 파키스탄에 오길 정말 잘했다고, 몸을 낮추고 야생화를 바라보며 중얼거렸다.

파키스탄 여행자들처럼 우리도 할아버지 경찰에게 총을 빌렸다. 할아버지는 외국인에게 총을 내주고도 내내 평온한 모습이었다. 우리가 할아버지 사진을 찍겠다고 해도 끄덕끄덕, 같이 사진을 찍자고 해도 끄덕끄덕. 할아버지는 요정이었을까? 하산하면서 나는 다시 오겠다고 다짐했다. 야생화가 더 많이 피는 7월 말, 더 근사한 날씨에 오고 싶다고.

페어리 메도우에서는 이틀 동안 산장에 머물렀다. 네팔 로지(Lodge)와 비슷한 수준이겠거니 했는데 그보다 시설이 좋았다. 아침 식사로는 매번 프라타(Prata)가 나왔다. 밀가루 반죽을 프라이팬에 넓게 펼쳐서 부쳐서 만든 음식으로 부침개와 비슷했다. 기름을 사용하는 섯만 빼면 차파티(Chapati, 발효되지 않은 밀가루로 만든 납작한 빵)와 같았다. 이곳 사람들은 보통 아침에 프라타를 먹고 오후에 차파티를 먹는 듯했다. 저녁에는 좀 더 다양한 음식이 육류(닭고기나 염소고기)와 함께 나왔다.

검은 고독 흰 고독, 루팔

낭가파르바트는 내려갈 때가 되어서야 모습을 드러냈다. 산악인들에게는 악명 높은 산이 내게는 세상 초연한 여신처럼 보였다. 북쪽에서 남쪽 타라싱까지 자동차로 꼬박 하루가 걸렸다. 하지만 지루할 틈이 없었다. 흙색의 도화지 위로 구름이 지날 때마다 표범 무늬가 나타났다. 그 사이로 달팽이가 지나간 듯한 길이 보였다. 간간이 만나는 마을에선 초록이 눈부시게 빛났다. 이 척박한 땅에서 인간이 만들어낸 초록이 귀하고 아름다웠다.

그렇게 도착한 타라싱은 또 한 번 감탄을 자아냈다. 파키스탄 북부의 다른 마을에 비해 녹지가 풍성했고 마을 뒤로 하얀 산이 빛나고 있었다. 병풍처럼 펼쳐진 라이코트(Rikot 7070미터)는 여기서부터 낭가파르바트까지 이어지는 히말라야의 가장 서쪽에 있는 산맥이다.

인더스강을 사이에 두고 위로 카라코람, 아래로 히말라야가 있다. 히말라야 14좌 중 8개가 네팔에서 솟아오르다가 다울라기리를 끝으로 잠시 멈춘다. 이후 산맥은 네팔 서부를 지나 인도 가르왈 히말라야에 들어와서도 잠잠하다가, 서쪽 끝에 가서 다시 불쑥 치솟는다.

『걷는 고래』의 저자 한스 테비슨(J. G. M. Hans Thewissen)에 따르면 세계에서 두 번째로 높은 봉우리인 K2는 아시아판, 아홉 번째로 높은 낭가파르바트는 인도판에 속한다. 대형 트럭인 아시아판 아래에 소형차인 인도판이 깔린 형상이다. 하지만 소형차의 한 부분이 내려가기를 거부

타라싱 가는 길에 만난 마을

하면서 용케 트럭을 넘었다. 그 부분이 지금의 낭가파르바트다.

웬만해서는 마을 산책을 하지 않는데, 초록 세상인 이곳에선 그럴 수가 없었다. 카메라를 들고 마을 곳곳을 기웃거렸다. 잡화점도 가고 수로도 들여다보고 공동묘지에도 갔다. 이곳의 공동묘지는 공원처럼 조성되어 있어서 위화감이 전혀 없었다. 생활공간에 산 자와 죽은 자가 공존한다고 믿는 무슬림. 그들은 사람이 죽으면 쓸모없다고 생각해 시신을 관에 넣지 않고 매장한다.

큰 산으로 둘러싸인 마을은 조용했다. 간혹 호기심 많은 남자아이가 얼굴을 내밀 뿐이었다. 여자아이들은 궁금해 하면서도 몸을 숨기느라 바빴다. 그때마다 나는 같은 여자로서 마음이 불편하고 안타까웠다.

타라싱의 잡화점

이튿날 아침, 창밖을 내다보다가 재빨리 카메라부터 챙겼다. 눈부신 산을 바라보고 있자니 침이 꿀꺽 넘어갔다. 초록과 설산이 이토록 잘 어울렸던가. 가슴이 두근거렸다. 파키스탄 북부가 이런 곳이었구나. 나는 중요한 임무를 수행하는 사람처럼 연신 셔터를 눌러댔다. 이곳의 모든 것을 기억하고 싶었다.

가이드가 현지 인사말인 '앗살람 알라이쿰(As-salamu alaykum)'을 알려주었다. 여기에는 무슬림의 아픈 역사가 스며있다. 이슬람 지역은 사막이 많아 농사 짓고 살기가 힘들다. 그렇다 보니, 약탈, 강도, 피의 복수, 전쟁 등이 빈번했다. 그러던 중 예언자 무함마드가 나타나서 유일신 알라만을 믿자고 권유했다. 이전에도 알라가 있었지만 다신교 개념이었

티라싱의 아침

마을의 꼬마들

다. 신의 평화가 함께 하기를 간절히 원했던 사람들이 그의 말을 따랐다. 이후 이슬람의 인사는 '알라의 평화가 당신에게 함께 하기를'이라는 뜻의 앗살람 알라이쿰이 되었다(알라는 아랍어로 '하느님'이라는 뜻. 알라 신이 아니라 '알라'라고 불러야 한다).

언덕에 오르자 오른쪽으로 타라싱빙하가 보였다. 더 안쪽에 자리 잡은 루팔(Rupal 3100미터)은 어쩐지 익숙했다. 티베트와 비슷한 흙집과 무 등을 심어 놓은 밭 때문이었다.

1박 2일의 짧은 트레킹이지만 가이드는 물론 요리사, 주방보조, 포터, 운전기사들까지 함께 했다. 가이드는 전체를 총괄하는 압바스와 현지 가이드인 알리까지 둘이나 됐다. 여유 있는 일정이라 다들 소풍 나온 것처럼 가벼운 분위기였다.

루팔 베이스캠프는 현지어로 바진캠프라고 한다. 독일인 의사 출신 등반대장의 이름을 따서 헤를리코퍼 베이스캠프(Herrligkoffer BC)로 부르기도 한다. 그는 20회 이상 낭가파르바트 등반대를 조직했다. 그중 1953년 헤르만 불(Hermann Buhl)이 첫 등정에 성공했다. 1970년에는 라인홀드 메스너(Reinhold Messner)와 동생 귄터 메스너(Günther Messner)가 세계 최대의 거벽 루팔벽을 최초로 등정했다.

라인홀드는 낭가파르바트 등정 후 눈사태로 동생을 잃었다. 그의 대표적인 저서 『검은 고독 흰 고독』은 8년 만에 다시 낭가파르바트를 등반하는 동안 겪었던 내면의 갈등과 불안, 고독에 관한 이야기다. 그는 동생 권터와의 이별과 단독 등반의 불안을 검은 고독으로, 불안에서 벗어나 비로소 자유로워졌을 때를 흰 고독이라 표현했다. 루팔벽은 구름에 가려 보이지 않았지만, 한 고독한 등반가의 독백이 들리는 듯했다.

"나는 언제나 망설이지 않고 하고 싶은 일을 한다. 그럴 때면 지난 일도 다가올 일도 모두 내 앞에서 사라지고 만다. 나는 어떤 일이건 그것이 나에게 전부일 때 행동한다. 내가 하는 일의 성공 여부는 중요하지 않다. 무엇인가를 하고 있다는 사실 그 자체가 중요하다."

– 라인홀드 메스너, 『검은 고독 흰 고독』

넓은 초원 위에 각자가 원하는 자리에 텐트를 쳤다. 노새들은 짐을 내리자마자 바닥에 등부터 비볐다. 그리고는 짧은 꼬리를 촐랑촐랑 흔들며 풀을 뜯었다. 그러다 한 마리가 숨이 넘어갈 것처럼 꺼억꺼억 울부짖기 시작하자 옆에 있는 녀석들도 덩달아 꺼억꺼억 댔다. 녀석들은 짐을 지고 가다가도, 풀을 뜯다가도, 저녁이나 새벽에도 그랬다.

저녁을 먹고 난 뒤, 포터들이 캠프파이어를 준비했다. 악기라고는 그릇을 담아왔던 커다란 플라스틱 통이 전부지만, 그들은 술 한 잔 마시지 않고도 흥겹게 노래하고 춤을 췄다. 그렇다고 밤늦게까지 이어가지도 않

운전기사들과 요리사

바진캠프에 도착한 노새들

바진 캠프

춤을 추는 포터들

았다. 그들의 흥에는 절제가 있었다.

하산하기 전 짐을 꾸려놓고 바진빙하에 다녀왔다. 잔뜩 흐린 날씨 때문인지 낭가파르바트가 몹시 성난 듯 보였다. 둔덕에 올라가 보니 쩍쩍 갈라진 빙하에 모래와 자갈이 잔뜩 덮여 있었다. 이 빙하를 건너면 낭가파르바트를 한 바퀴 돌 수 있다는데 그럴 날이 올까? 나는 희미한 상상을 하며 둔덕을 따라 계속 올라갔다.

루팔벽 아래로 엄청난 토사물을 쏟아낸 것 같은 빙하는 이따금 음침한 소리를 냈다. 미국의 고생물학자 로버트 웨스트(R. M. West)는 1980년에 이빨 하나를 발견했다. 이를 근거로 파키스탄에 고래가 살았다는 것을 처음 밝혀냈다. 엄청난 힘으로 밀어 올려진 히말라야가 고래도 살만큼 깊은 바다였던 것이다.

바다였던 곳이 얼음과 눈으로 덮인 큰 산이 되기까지, 대체 여기서는 무슨 일이 있었던 것일까. 가이드는 빙하 아래까지 내려가자고 했지만 나는 빗방울이 떨어지는 걸 보고 캠프로 돌아갔다. 빙하라면 앞으로 실컷 보게 될 테니까.

빙하대탐험

비아포 – 히스파르빙하

히말라야의 전체 빙하 면적은 8~12%이고, 그중 카라코람이 차지하는 비중은 28~50%나 된다. 극지방을 제외한 10개의 기다란 빙하 중 6개가 카라코람에 있다. 그야말로 빙하 천국이다. 시아첸(Shiachen 72킬로미터), 히스파르(Hispar 61킬로미터), 비아포(Biafo 59킬로미터), 발토로(Baltoro 58킬로미터), 바투라 (Batura 58킬로미터)는 5대 빙하로 불린다. 비아포와 히스파르는 히스파르라 (Hispar La 5150미터)를 두고 연결되어 있어 총 길이가 120킬로미터나 된다. 극지방을 제외하고 세계에서 가장 긴 빙하다.

보름 정도 소요되는 이 트레킹에는 시작과 끝 지점을 제외하면 마을이 전혀 없다. 전 일정이 야영으로 진행되며, 크레바스(빙하에 형성된 깊은 균열)를 비롯한 미로 같은 빙하를 통과해야만 한다. 히스파르빙하의 경우 2014년 네팔 대지진의 영향을 받아 길이 바뀌거나 끊어진 곳도 있다. 빙하 트레킹인 만큼 안자일렌(로프로 서로를 연결해서 걷는 것)이 필요한 곳도 있어 하네스(암 빙벽 용 안전벨트)와 아이젠도 필수다.

전체적으로 난해하고 어려운 구간이 많은 편이다. 몇 번의 히말라야 트레킹 경

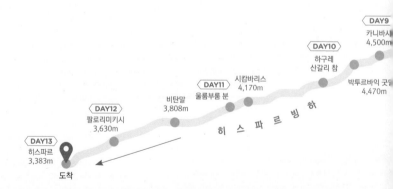

험이 있다 해도 혼자서 길을 찾을 수 있는 곳이 아니다. 이 지역을 잘 아는 경험 많은 스태프와 날씨와 상황 따라 잘 대처할 수 있는 유능한 가이드가 반드시 필요하다.

비아포빙하의 압권은 고속도로처럼 시원하게 뻗은 빙하와 날카롭게 치솟은 첨봉이다. 히스파르라를 넘기 전에 만나는 스노레이크(Snow Lake) 역시 장관이다. 그 유명한 K2 트레킹 못잖게 압도적인 카라코람산맥을 볼 수 있는 코스이기도 하다.

비아포-히스파르빙하 진행경로(22스테이지)

※ 빙하의 길이는 자료마다 차이가 있어서 두산백과 '히말라야의 구분'을 기준으로 삼았나.

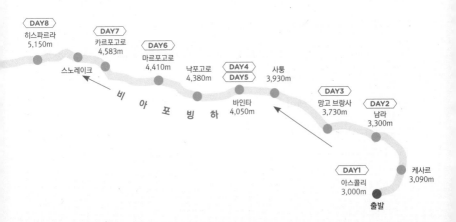

빠져드는 풍경

네팔 히말라야가 카트만두에서 시작한다면, 파키스탄 카라코람의 시작은 스카루드(Skardu 2400미터)다. 스카루드는 파키스탄 북부 발티스탄의 행정과 교통의 중심지로, K2로 향하는 여행자들이 반드시 거쳐야 하는 곳이다.

우리는 스카루드에서 쉬는 동안 트레킹 허가를 받고 필요한 장비와 식품을 구매했다. 한국에서 가져온 식자재도 정리했다. 전에 다녀간 팀이 부실한 음식으로 고생했다는 얘기를 듣고 넉넉히 챙겼다.

파키스탄 북부의 7월은 체리의 계절이다. 우리는 호텔의 허락을 받고 정원의 체리를 딴 것으로도 모자라, 시장에 나간 김에 체리를 잔뜩 사 왔다. 고온 건조한 곳에서 익은 체리는 아무리 먹어도 물리지 않았다.

지금까지는 몸 풀기였다면 이제부터가 본격적인 트레킹이었다. 우리는 4대의 지프에 나눠 타고 아스콜리(Askoli 3000미터)로 출발했다. 비포장도로 위에 먼지가 뿌옇게 일었다. 위험한 절벽 길에선 차에서 내려 잠깐 걷기도 했다. 끊어질 것처럼 삐걱대는 나무다리를 지날 때는 왠지 숨을 참아야 할 것만 같았다. 보석을 캐기 위해 암벽에 뚫어 놓은 수많은 동굴이 개미집처럼 보였다. 시커멓게 흐르는 강물은 앞으로 닥칠 험난한 여정을 예고하는 듯했다.

트레킹 시작 전, 우리는 각자의 역할을 정했다. 대장과 부대장, 총무 2명, 부식 담당 2명.

스카루드의 체리

삐걱거리는 나무다리

나는 이 여행을 계획하고, 모집하고, 준비했으면서도, 여성의 지위가 낮은 이슬람 국가라는 점이 신경 쓰여서 공식 리더를 남자로 정했다. 지금 생각하면 그럴 필요까지는 없었다. 중요한 것은 성별이 아니라 리더십이었다. 나의 선입견과 무지, 경험의 부재로 인한 판단 실수였다. 영어를 가장 잘하는 일행에게 의사소통을 맡긴 것도 문제였다. 그 때문에 오히려 스태프들이 헷갈려 했다. 일행 중 내가 나이가 가장 어리다는 것도 문제라면 문제였다. 많게는 스무 살 이상 차이가 났다.

혼자서 네팔 히말라야 전역을 누빌 때는 상관없던 일들이 내가 문제라고 생각하자 정말 문제가 되었다. 문제는 곧바로 역할의 한계로 이어졌다. 나는 자발적 총무에 머물렀다. 마치 총무가 리더를 대행하는 것처럼, 리더 역할에 완전히 발을 담그지 못했다.

시간이 흘러 서로를 파악하고 나자 불만도 생겼다. 존댓말을 하지 않거나, 다른 일행을 수시로 지적하거나, 예의가 없거나, 너무 시끄럽거나, 이슬람 문화에 반하는 복장이거나, 스태프들과 자주 스킨십을 하거나, 차를 타고 이동할 때의 자리 문제 같은 것들이었다. 다들 여행 경험이 풍부한 것처럼 보였지만 '배려의 유효 기간'은 점점 짧아지고 있었다.

아스콜리 캠핑장 주변은 일거리를 찾아온 남자들로 북적였다. 농사를 짓고 가축을 방목하던 이들이 트레킹 시즌 때만 포터로 일하는 것이다. 길어야 3개월이지만 이 기간에 번 돈으로 1년을 먹고 산다.

파키스탄 트레킹 시스템은 네팔보다 여러 면에서 합리적이었다. 특히 포터대장의 역할이 그랬다. 포터대장은 포터들의 입장을 대변하는 것은 물론 그들의 식량이나 인건비 등을 챙겼다. 네팔에선 짐을 대충 들어보고 무게를 확인하지만, 이곳 포터대장은 저울로 일일이 확인했다. 포터들이 지는 무게는 높이에 따라 달랐다. 평소에는 1인당 25킬로그램을 지고, 5000미터가 넘으면 20킬로그램, 더 높고 험한 곳에서는 16킬로그램으로 줄었다.

네팔의 포터들도 기본 25킬로그램은 똑같지만, 5000미터가 넘는다고 해서 조정하지는 않았다. 경비를 줄이기 위해 40킬로그램 넘게 지게 하는 일부 여행사도 있었다. 만약 여행자가 그 사실을 알았다면, 추가 인원을 고용하거나 그에 따른 보상을 지급하는 게 마땅하다.

파키스탄과 네팔의 차이점이 한 가지 더 있었다. 스테이지(Stage) 개념이다. 네팔은 하루에 걷는 거리나 난이도에 상관없이 같은 일당을 받는다. 반면 파키스탄은 거리와 난이도 등을 스테이지에 반영해서 인건비를 책정했다. 예를 들어 하루 동안 걷는 거리가 짧고 평지라면 1스테이지, 거리가 멀고 난이도까지 있다면 3스테이로 계산한다. 다만 어느 정도 수준을 1스테이지로 잡느냐는 지역 따라 다르다.

특이한 건 말과 당나귀도 사람과 동일한 인건비와 팁을 받는다는 것. 포터 1명이 25킬로그램, 말 1마리가 50킬로그램을 진다면 말에게 2인분

짐의 무게를 재는 포터대장

의 인건비와 팁이 지급된다. 합리적인 시스템이지만 총무인 나로서는 매번 수많은 포터와 당나귀의 팁을 계산해야 해서 머리가 아팠다. 이번 여정에 고용한 포터는 24명에 당나귀 10마리가 24인분을 담당했으니, 포터만 48인분이었던 셈이다.

스태프는 낭가파르바트 이후 새로 합류한 가이드 후세인, 처음부터 함께한 요리사 유수프, 주방보조 만주르와 하미드, 포터대장 사비르까지 5명이었다. 여기에 당나귀 주인이 각각 달라서 마부도 4명이나 되었다. 정리하자면 총 39명의 사람과 10마리의 당나귀가 함께 하는 대규모 원정대였다.

'힘들게 도보로 여행하다'라는 뜻의 트레킹(Trekking)은 남아프리카 원주민의 유랑 생활에서 유래했다고 한다. 우리가 하는 고산 트레킹은 3000~5000미터 산악 지역을 걷는 것인데, 고산에서 얼마나 잘 직응하느냐가 관건이다. 체력이나 의지마저도 그다음이다. 고산 적응에 실패하면 아무리 좋은 체력도 아무리 강한 의지도 무의미하다. 그래서 고산 트레킹 멤버를 모집할 때는 경험자 위주로 뽑는다. 높은 곳에서 본인의 몸이 어떻게 반응하는지 알아야 스스로 대처할 수 있기 때문이다. 3000미터가 넘어가면 각자도생이다. 제 몸만 잘 추슬러도 성공이다. 처음부터 누군가에게 의지할 생각이라면, 고산 트레킹은 접는 게 좋다.

다행히 나는 지금껏 어렵지 않게 고산 적응을 하며 히말라야를 다녔다. 두통 정도에 그쳐서 진통제 한 알이면 해결됐다. 고산 적응이 관건이라고

케사르 가는 길

는 하지만, 사실 실전에 들어가 봐야 안다. 체력을 자신하던 사람이 적응하지 못 할 수도 있고, 반대로 평소 느리고 약한 축에 속하던 사람이 가장 잘 적응할 수도 있다. 고산에 적응하는 가장 좋은 방법은 천천히 걷는 것이다. 자기 체력만 믿고 빨리 걷다가는 낭패를 보기 쉽다. 고산 적응에 실패한 사람 중에는 의외로 산행능력이 뛰어난 이들도 많다.

아스콜리를 빠져나오자 초록은 사라지고 척박한 길이 이어졌다. 케사르(Kesar 3090미터) 평원은 아침부터 이글거렸다. 우리는 국립공원 사무소가 있는 곳으로 방향을 틀었다. 입산 카드를 작성하는 사이 포터들은 지름길로 지나갔다. 나는 사무소에서 중앙카라코람 국립공원 지도를 샀

다. 비교적 성실한 지노라서 앞으로 쓸모가 있을 듯했다. 케사르를 지나서, 허름하기 짝이 없는 다리 하나를 만났다. 이 다리를 건너면 K2로 가는 길로 이어진다. 우리는 다리를 건너지 않고 비아포빙하 쪽으로 올라갔다.

빙하 초입은 시작부터 엄청났다. 거대한 빙퇴석 혹은 모레인(Moraine, 빙하가 녹으면서 섞인 암석, 자갈, 토양으로 이루어진 퇴적층) 지대는 정지된 파도 같았다. 그 사이사이로 무지막지한 크레바스와 흙빛 웅덩이가 나타났다. 나는 빙하 가장자리를 따라 조심스레 걸으면서도 자주 뒤돌아보았다. 이런 풍경은 어디에서도 본 적이 없다는 걸 매 순간 확인하는 과정이었다.

비아포빙하의 초입

길이 서쪽으로 완전히 틀어지는 동안에도 우리는 줄곧 모레인 지대를 걸었다. 듣던 대로 길이 험했다. 뒤늦게 출발한 사비르와 유수프가 금세 우리를 따라잡았다. 사비르의 뒤로 웬 염소 한 마리가 얌전하게 따라왔다. 이때만 해도 녀석이 우리의 식량이 될 줄은 몰랐다.

요리 팀은 늘 우리보다 먼저 도착해 점심을 준비했다. 밥상은 나름 푸짐했다. 후식으로 생과일(망고, 멜론, 수박 등)이나 과일 통조림이 나왔다. 파키스탄에 오기 전, 네팔을 두 달 반 걸으면서 포터들과 같은 메뉴로 식사를 했다. 경비를 아끼기 위해서였다. 그에 비해 여기는 만찬 수준이었다. 게다가 요리 팀은 한국인을 많이 상대해봐서 식성까지 잘 알고 있었다. 식사가 부실할까 봐 걱정했던 건 기우였다.

우리의 첫 야영지 남라(Namla 3300미터)는 바닥이 모래라 푹푹 빠졌다. 포터들은 낮은 돌담을 만든 다음 그 위에 비닐을 씌웠다. 그들 식의 천막이었다. 그들의 짐은 차파티를 구울 수 있는 프라이팬과 버너, 약간의 식기, 지붕이 되어줄 비닐, 덮고 잘 침낭이 전부였다. 네팔에서는 포터들이 주방 텐트나 식당 텐트에서 자는 일이 흔했는데 여기는 그렇지 않았다.

이곳 사람들은 손님과 그들의 공간을 구분했다. 그들끼리의 서열도 확실했다. 이건 네팔과 같았는데 가이드-요리사-주방보조-포터 순이었다. 염소는 당나귀들 사이에서 영문도 모른 채 멀뚱하니 서 있었다. 일행 하나가 줄을 잘못 건드려서 풀어지자 녀석이 곧장 빙하 쪽으로 달아났다.

식당 텐트에는 염소와 같은 운명을 가진 닭들이 평온하게 돌아다녔다. 저녁에는 유수프가 솜씨를 발휘하여 닭볶음탕을 만들었다. 그만큼 닭의 수도 줄었다.

우리는 빙하 가장자리에서 중심부로 향했다. 돌무더기 빙하에서는 영 속도가 나지 않았다. 길 같은 건 애당초 없었다. 오로지 스태프의 감만 믿고 따라갔다.

나는 일행들과 속도 차이가 나서 앞서가던 요리사 유수프를 따라갔다. 그는 내게 거의 말을 걸지 않았고 나도 마찬가지였다. 나는 점점 빠져드

첫 야영지 남라

는 풍경에 카메라를 꺼내기 바빴다. 그만큼 멈추는 일도 잦았다.

일행 하나는 종종 지루하다고 했다. 그는 밀가루 음식을 좋아하지 않는다며 점심으로 나온 라면을 먹지 않았다. 감자도 손대지 않았다. 고소증으로 식욕이 없는 줄 알고 다들 걱정했는데 다행히 고기는 먹었다. 성격이 털털해서 먹는 것도 그럴 줄 알았는데 의외였다. 오히려 곱상한 외모에 까다로울 것 같던 일행이 아무 음식이나 잘 먹고 비위도 강했다.

고산 트레킹에서 먹고, 자고, 싸는 일은 고산 적응만큼 중요하다. 평소 가리는 음식이 많고, 잠자리와 화장실에 예민하다면 이런 여행은 맞지 않을 수 있다. 더군다나 음식은 혼자만의 문제가 아니다.

돌무더기 빙하에서 왼쪽으로 내려가자 새하얀 빙하가 나타났다. 유수프는 거침없이 빙하로 향하더니 빙하 수로를 한 번에 뛰어넘었다. 미끄러질까봐 그를 따라 조심조심 내려갔다. 빙하 둔덕과 산으로 둘러싸인 망고 브랑사(Mango Brangsa 3730미터)는 넓고 아늑했다. 브랑사는 발티어로 '야영지'라는 뜻이다. 이름 한 번 기가 막히게 지었다.

우리는 1인 1텐트를 사용했다. 트레킹 팀 대부분은 2인 1텐트지만, 나는 1인 텐트로 계약했다. 생활 습관이 다른 사람과 한 공간에서 오랫동안 같이 지낼 자신이 없었기 때문이다. 네팔 히말라야에서 잠깐 동행자와 같은 방을 쓴 적이 있었다. 서로 자는 시간과 일어나는 시간이 다르다 보니 눈치를 보게 됐다. 밤에 화장실에 가는 것도 그랬다.

돌무더기 빙하

새하얀 빙하

물끄러미 바라보던 당나귀

각자 텐트에 짐을 푸는 동안 마부들은 당나귀 발굽의 편자를 갈아주었다. 여럿이서 다리를 묶은 후 당나귀를 눕히는데, 당나귀가 발버둥을 칠 때마다 몹시 위태로워 보였다.

점심을 먹고도 시간이 많이 남았다. 카메라를 들고 당나귀들이 풀을 뜯는 언덕까지 올라갔다. 올라가면서 뒤돌아볼 때마다 우리의 노란 텐트와 비아포빙하의 정체가 드러났다. 예상치 못한 풍경에 마음이 바빠져서 계속 더 위로 올랐다. 헉헉대며 언덕에 도착하자 풀을 뜯던 당나귀가 웬일이냐는 듯 쳐다봤다. 나는 녀석에게 인사를 하고 언덕 아래를 내려다보았다.

갑자기 세상이 멈춘 듯 멍했다. 전율이 흐른다는 게 이런 기분일까. 지구의 역사를 보여주는 검붉은 바위산은 무심한 듯 근엄하게 그 자리에 있었다. 구름은 때때로 큰 새가 되어 바위산에 그림자를 남겼다. 둔덕의 안쪽, 초록이 듬성듬성한 초지 위엔 노란 텐트들이 작은 마을을 이뤘다. 바위산과 둔덕 사이에는 거대한 비아포빙하가 강물처럼 유유히 흘렀다.

정녕 이게 세상의 풍경이란 말인가. 보고 있는 모든 것이 너무나 비현실적이었다. 난생 처음 마주한 풍경 앞에서 가슴이 벅찼다. 발아래를 한동안 내려다보았다. 문득 살아 있음이, 내가 이곳에 있음이 못 견디게 좋았다.

히말라야에서 궁금했던 건 단 한 가지였다. '그곳에서 무엇을 볼 수 있는가.' 나는 이곳에서 새로운 세상을 만났고 절정이 머지않았음을 알았

빙하 위를 걷는 포터들

다. 시나브로 파키스탄이라는 곳이 선명하게 각인되어 갔다.

아침부터 가파른 경사를 내려갔다. 회색빛 빙하 계곡을 건너고, 무너진 산비탈과 돌무더기 빙하를 지났다. 이제 나는 유수프가 가이드인 양 그를 따라서 걸었다. 그는 몹시 빨랐다. 내가 사진이라도 찍을라치면 저만치 사라졌다. 요리사인 그가 굳이 손님을 챙겨야 할 의무는 없었는데도 그는 자주 기다려줬다.

우락부락한 모레인 지대가 한동안 이어지더니 하얀 얼음 언덕이 나타났다. 언덕을 넘자 이번에는 양탄자 같은 빙하가 펼쳐졌다. 평평한 빙하를 밟을 때마다 바삭한 쿠키 위를 걷는 것처럼 경쾌한 소리가 났다. 비아포빙하는 가장자리로 갈수록 돌무더기와 크레바스로 이루어진 모레인 지대였다. 경험자가 아니면 길을 찾는 게 쉽지 않았다. 다행히 중심부로 갈수록 빙하가 평평해져서 걷기가 한결 수월했다.

우리는 빙하 가장자리에서 야영을 하고, 중심부로 들어갔다가 다시 빙하 가장자리로 가는 방식으로 나아갔다. 시작할 때만 해도 해가 뜨겁게 비추었는데 빙하 안으로 들어서자 공기가 달라졌다. 초가을 아침처럼 서늘했다. 고도를 높일수록 크레바스가 자주 나타났고 빙하 위의 물길이 멋진 곡선을 만들어냈다.

양탄자 같은 빙하는 우리가 서 있는 자리에서 끝이 보이지 않았다. 뒤늦게 출발한 마부와 당나귀 무리가 작은 점으로만 보였다. 그대로 이 빙하를 따라가면 좋으련만. 다시 빙하 가장자리로 향했다. 얼음과 바위가 섞인 길은 잠시만 한눈을 팔아도 사라져버렸다. 얼음은 작은 산이 되어 앞사람을 지워버렸고 바위는 발자국을 삼켜버렸다. 이곳에서는 누구의 흔적도 남지 않았다.

무너지는 비탈길을 지나 언덕에 오르니 뒤에 오는 사람들이 보였다. 한 줄로 걷는 사람들이 꼭 이사 가는 개미 떼처럼 보였다. 이곳에서 인간은 특별하지 않았다. 누구나 이 속에 들어오면 크레바스 사이에 낀 돌맹이 같은 존재가 되었다. 자연의 일부로 돌맹이가 되고, 꽃이 되고, 인간이 되었다.

가파르고 좁은 길을 지나 언덕을 통과하고 있었다. 당나귀 한 녀석이 미끄러지면서 등짐이 떨어졌다. 녀석이 버둥거리자 주변이 온통 흙먼지에 휩싸였다. 소동에 놀란 다른 당나귀들이 경로를 이탈하면서 순식간에 대열이 흐트러졌다. 그러는 사이 두 마리가 지고 있던 등짐이 또 떨어졌다. 마부와 포터가 능숙하게 다시 짐을 올리긴 했지만 지켜보는 내내 아슬아슬했다.

요리 팀은 사퉁(Shatung 3930미터)에 먼저 도착해 점심을 차려놓았다. 점심은 주로 간단하게 라면을 먹었다. 포터들은 늘 우리보다 먼저 출발했다. 그들은 부지런했고 잘 걸었다. 포터대장 사비르의 리더십도 한몫했다. 팀을 전체적으로 통솔하는 건 가이드지만 포터들을 챙기는 사비르의 역할이 컸다. 그는 포터들에게 깍듯했고, 그들 대부분과 친분이 있어 보였다.

나는 사퉁에서 푹푹 빠지는 넓은 모래밭을 지나고, 작은 개울을 따라 걷고, 자갈길을 걷는 내내 정신없이 셔터를 눌러댔다. 가슴 깊은 곳 어딘가에서 자꾸만 뜨거운 것이 올라왔다. 눈도 뜨거워졌다. 눈이 산을 더듬는 동안에도 심장이 쉬지 않고 두근거렸다. 나는 이곳의 모든 아름다움에 반응하고 있었다.

우리가 지나온 황량한 길을 생각하면 바인타(Baintha 4050미터)의 초록은 좀 난데없는 느낌이었다. 나중에 알고 보니 바인타는 '목초지'라는 뜻이었다. 4000미터가 넘는 고지대인데도 키 작은 나무들이 있어서 싱그러웠고, 그 사이로 지금까지 볼 수 없었던 맑은 물이 흘렀다. 우리는 약속이나 한 듯 개울가에 둘러앉아 옷을 빨았다. 오랜만에 머리를 감고 제대로 된 세수도 했다. 여기서 이틀을 지낼 거라 다들 한가롭게 시간을 보냈다.

나는 빙하 둔덕에 서서 야영지 뒤편을 유심히 살펴보았다. 왠지 혼자서도 갈 수 있을 것 같았다. 둔덕을 따라 좀 더 걸었다. 야영지에서 보이지 않던 작은 호수가 나타났다. 나보다 먼저 온 당나귀들이 호수 주변에서 쉬고 있었다. 녀석들은 고단한 하루였다는 듯 하품을 크게 하고 무표정하게 나를 바라보았다.

모래밭을 걷는 포터들

감정의 씨앗

여행을 시작할 때부터 몇몇 일행에게 카메라 충전기를 빌려주겠다고 했었다. 그래서 그가 충전기를 빌려달라고 했을 때 충전이 끝나자마자 바로 내줬다. 그런데 어쩐 일인지 그가 사용한 뒤로 이유도 모른 채 고장이 나고 말았다. 이번 여행을 위해 새로 산 충전기였다. 그는 미안해하며 고쳐주려고 애썼지만 소용없었다. 여행은 겨우 13일째였고, 내게는 하나뿐인 충전기였다.

2014년, 뭣도 모르고 따라나섰던 남미 배낭여행 때가 떠올랐다. 일행 중 한 명이 준비물을 비롯한 여행에 관한 모든 것은 각자가 책임져야 한다며 누차 강조했다. 여행 경비를 모아서 쓰는 것도 반대했다. 그때는 지나치다고 생각했는데 이제는 이해가 간다.

흔히 여행 중에는 빌려주지도 빌리지도 말라고 한다. 문제가 생기면 불편한 감정은 오롯이 상대방으로 향하게 되고, 그 감정은 문어발처럼 뻗어서 그가 하는 모든 행동에 감정을 갖게 하기 때문이다. 그렇게 새끼를 친 부정적인 감정은 수많은 오해로 성장해서 결국 미움을 끌어낸다.

휴식 날 아침, 혼자 뒷산으로 향했다. 어제 봐두었던 골짜기로 올라가서 오른쪽 사면까지 가보는 계획이었다. 그런데 예상과 달리 길이 없었다. 순전히 감만 믿고 가파른 돌무더기 사이를 올라갔다. 고도를 올리는 만큼 숨소리도 거칠어졌다. 그때마다 등 뒤로 펼쳐지는 빙하의 모습이 달라졌다. 저 위로 올라가면 뭔가 제대로 보일 거라는 확신이 생겼다.

드디어 도착했을 때, 나는 입을 다물지 못했다. 활주로처럼 길게 뻗은 빙하가 기다리고 있었다. 헉헉대면서도 걸음을 멈추지 않았다. 홀린 듯 더 위로 올라갔다. 절로 콧노래가 나왔다. 파란 하늘에는 양털 구름이 둥실둥실 떠 있었고 눈부신 설산과 강물이 흐르는 것 같은 빙하가 펼쳐져 있었다.

갑작스럽고 사소하게, 나는 금세 행복으로 충만해졌다. 불쑥 찾아왔던 미운 감정도 이때만큼은 사라졌다. 어쩌면 나는 이유가 필요했는지도 모른다. 이별하고 싶을 때 이별할 이유를 찾는 것처럼, 미워하고 싶을 때 미워할 이유를 찾는 것처럼. 그렇게 감정의 파편들을 하나씩 모으고 있었는지도 모른다.

오롯이 혼자 누리는 사유는 모처럼 해방감을 주었다. 어릿이 있는 시간이 길어지다 보면 마음이 번잡해졌다. 그럴 때는 일부러라도 고요 혹은 고독 속에서 혼자 있는 시간이 필요했다. 휴식 중에도 누군가와 관광을 하는 것보다 혼자 보내는 시간이 좋았다. 음악을 듣거나 책을 읽고, 일기를 쓰거나 장비를 정비하다 보면 저절로 개운해졌다.

산 아래 풍경을 취한 듯 바라보다가 내친 김에 옆에 있는 언덕에도 가보기로 했다. 탐험하듯, 호기심 가득한 마음으로 길도 없는 곳을 돌아다녔다. 그리고 다시 만난 근사한 풍경 앞에서 빈곤했던 내 영혼은 잠시나마 부자가 되었다.

언덕에서 바라본 비아포빙하

바인타는 나무가 있는 마지막 장소여서 포터들이 로티(Roti)를 굽느라 분주했다. 여기저기서 구수한 냄새와 함께 연기가 피어올랐다. 로티는 밀가루 반죽을 납작하게 굽는다는 점에서 차파티와 비슷하지만 그보다는 더 두툼했다. 초지가 끝난다는 건 염소의 생도 끝난다는 것을 의미했다. 스태프들이 염소를 잡았고, 점심에 염소 간 요리가 나왔다(염소고기 요리는 대부분 한국식으로 나와서 특유의 누린내가 나지 않았다).

이슬람에서 먹을 수 있는 음식은 아랍어로 '허용된' 이란 뜻의 '할랄' 음식으로 부른다. 이슬람 율법에는 돼지고기와 동물의 피, 부적절하게 도축된 동물, 술, 그리고 이런 것이 포함된 모든 가공식품을 금지했다. 파키스탄에서 먹을 수 있는 육류로는 닭고기가 가장 흔했다. 그 다음이 염소고기였다. 익히 알고 있듯이 이슬람에서는 돼지고기를 먹지 않는다. 이슬람 경전 꾸란에 돼지가 더러운 동물이라고 되어 있기 때문이다. 궁금해서 찾아보니 돼지를 키우기 어려운 환경이라 그랬을 것이란 설명이 있었다. 잡식인 돼지는 소나 양처럼 풀만 먹고 살 수 없으니, 물이 부족한 환경에서 적합하지 않았을 것이다. 트레킹 때도 죽은 고기가 아닌 살아있는 닭과 염소를 데리고 다녔다. 이슬람 방식에 따라 도축된 고기만 먹을 수 있어서다.

얼음이 머무는 세상

'검은 돌밭'이라는 이름대로 낙포고로(Nakpogoro 4380미터) 주변에는 검은색 돌이 널려 있었다. 먼저 도착한 요리 팀이 빙하 위에 방수포를 깔고, 그 위에 견과류와 쿠키, 차, 따뜻한 물 등을 차려 놓았다. 바닥에 앉으니 빙하의 차가움이 그대로 전해졌다. 이번에도 파키스탄 라면이 점심으로 나왔다. 우리는 어떤 음식이든 똑같이 나누어 먹었다. 몇몇이 더 먹는다고 해서 다투지 않았다. 다 큰 사람들끼리 이런 일로 다툴까 싶겠지만 오지에서는 얘기가 다르다.

걷는 행위를 지속할수록 사람들은 단순한 욕구에 집중하거나 집착한다. 자연스럽게 먹고 자고 싸는 일이 가장 중요해진다. 먹을 게 골고루 분배되지 않고, 매번 잠을 설치고, 화장실까지 갈 수 없다면 당자사로서는 최악의 상황을 겪고 있는 것이다. 혼자만의 최악으로 끝나지 않고 다른 일행에게도 영향을 끼친다는 게 문제다. 그래서 오지 여행에서 고수를 알아보는 방법은 의외로 간단하다. 얼마나 현지에 잘 적응하는지, 얼마나 불편함을 잘 참는지를 보면 된다.

여행에서 인내심은 곧 인성이라는 말이 있다. 잘 참는 자가 진정한 고수다. 안타깝게도 어린 나의 영혼은 상황에 곧잘 적응하면서도 몇 가지에 관해서는 완벽하게 참아내지는 못했다.

사방이 온통 얼음이라 쌀쌀했다. 이제 빙하는 본격적으로 크레바스를 보여주기 시작했다. 쩍쩍 갈라진, 가늠되지 않는 깊이의 크레바스를 이

낙포고로 가는 길

크레바스 사이에 서 있는 유수프

리저리 돌아서 뛰어넘기를 수십 번. 노련한 포터들은 망설임 없이 길을 찾았다. 그 뒤로 유수프가 선두 그룹을 이끌었다. 그는 운동화에다 바지 주머니에 손을 넣고 걷는데도 마치 축지법을 쓰는 듯 자유롭고 거침없었다.

젖꼭지처럼 생긴 암봉 아래에 마르포고로(Marpogoro 4410미터)가 있었다. 마르포는 '빨강'이라는 뜻이니까 빨간 돌밭 정도 되겠다. 바람이 불 때마다 모래 위에 쳐진 텐트 안으로 뽀얀 먼지가 들어왔다. 아무리 치워도 소용없었다. 한바탕 큰 바람이 지나가자 식당 텐트가 통째로 날아가 물가에 떨어졌다. 스태프들이 부랴부랴 텐트를 들어다가 큰 돌멩이로 단단히 고정했어도 여전히 불안하게 펄럭거렸다. 마르고 뜨거운 바람에

물가에 떨어진 식당 텐트

코와 입술이 갈라졌다. 내 손톱 옆에도 작은 크레바스가 생겼다. 그때마다 수분크림을 듬뿍 발랐지만, 자작나무 표피처럼 일어난 살갗은 손끝마저 너덜너덜하게 했다.

일행들은 아침마다 빙하 가장자리에서 중심부로 들어가는 과정을 힘들어했다. 나도 힘든 것은 마찬가지였지만 그보다 이곳이 마냥 신기했다. 그간 내가 다녔던 히말라야를 전부 합친 것보다 잠깐의 카라코람이 더 극적이었다. 하루하루가 놀라움의 연속이었다.

이제부터는 얼음 바다인 듯, 잔잔한 물결 같은 빙하가 이어졌다. 빙하가 넓어질수록 크레바스도 넓고 깊어졌다. 태양이 높게 떠오르자 바다 같던 빙하 표면의 눈이 흐물흐물해졌다. 늪이라도 되듯 발이 쑥쑥 빠졌다. 아침 6시에 출발한 이유가 있었다. 물에 빠지지 않게 이리저리 옮겨 다니며 하얀 돌무더기 언덕으로 향했다. 질퍽거리는 눈밭과 작은 빙하 호수를 지나자 언덕 위로 야영지가 보였다. '하얀 돌밭'이라는 뜻의 카르포고로(Karpogoro 4583미터)다.

오후에 팁을 정산했다. 팁을 계산할 때는 아무리 더워도 반드시 텐트 문을 닫았다. 누구에게든 돈을 내보여서 좋을 건 없었다. 여기서부터는 당나귀가 갈 수 있는 곳이 아니라 당나귀와 몇 명의 포터가 내려가야 했다. 남은 포터는 21명. 우리와 히스파르까지 함께 가게 될 이들이다. 네팔

파도 같은 빙하

카르포고로에서

에서 그랬듯이 나는 여기서도 가장 깨끗한 돈을 골라 팁으로 줬다. 팁을 줄 때는 일일이 악수를 하고 건넸다. 처음에는 내가 팁을 줘도 되는 건가 싶었다. 연장자에게 맡겨야 하는 게 아닐까. 이내 마음을 고쳐먹었다. 자신감을 갖자. 수고가 나의 몫인 것처럼 팁을 줄 자격 역시 나에게 있었다.

저녁을 먹고 나오자 포터 2명이 바위에서 기도를 하고 있었다. 잠시 서서 그들을 지켜보았다. 그들은 이슬람의 성지인 메카 방향으로 엎드렸다. 무슬림은 하루에 5번(새벽, 정오, 오후, 일몰, 밤) 의무적으로 기도를 한다. 가이드를 찾았을 때 안 보이면 대개 기도 중이었다.

그러고 보니 내가 히말라야에서 만난 현지인은 다들 기도를 했다. 네 팔 사람들은 '옴마니밧메훔(불교의 진언)'을 중얼거렸고, 연기를 피워 히말라야 신께 우리가 왔음을 알렸다. 그곳에서는 부처님과 세상의 모든 신이 함께 존재했다면, 파키스탄 북부 카라코람에서는 알라만이 유일한 신이었다.

오늘의 목적지는 스노레이크였지만 가이드는 히스파르라까지 가자고 했다. 스노레이크에서 야영하면 포터들의 식량이 부족하다는 게 이유였다. 가이드의 제안에 따라 아침 6시에 출발했다. 오늘 안으로 그곳까지 가려면 더 일찍 출발해야 하는 거 아닌가 싶었는데(보통 4시 반) 그러지 않아서 다른 대책이 있는 줄 알았다.

스노레이크는 숨겨진 크레바스가 많아서 우리는 안자일렌을 하고 걸었다. 맨 뒤에 선 나는 속도가 맞지 않아 몹시 불편했다. 서로 묶여 있다 보니 사진을 찍으려고 멈출 때마다 앞사람을 붙잡는 꼴이 되었다. 스태 프와 포터 역시 5~6명씩 그룹을 지어 안자일렌을 했다. 노련한 그들조 차 서로를 묶은 줄을 풀지 않는 걸 보면 얼마나 위험한 곳인지 짐작이 갔 다. 잔뜩 흐린 날씨에 싸락눈까지 내렸다. 비슷한 풍경이 이어지는 동안 뒤늦게 출발한 포터들이 우리를 앞질렀다.

해발 4700~4800미터 사이에 형성된 스노레이크는 면적이 약 80제곱 킬로미터(240만평)에 달한다. 1892년 외국인 최초로 비아포빙하를 답사 한 영국 산악인 마틴 콘웨이(W. Martin Conway)는 하얗게 펼쳐진 설 원을 보고 'Snow Lake'라 불렀다. 그의 표현대로 정말 이곳은 온통 흰 눈 뿐인 거대한 호수였다. 아스라이 보이는 설원의 끝에 솟은 톱날 같은 침봉들이 호수를 감쌌다. 우리는 서로를 연결한 로프에 의지한 채 그 안 을 유영했다.

잠깐 걸은 것 같은데 4시간 반이나 지났다. 흐리던 하늘이 열리자 눈 이 부셨다. 복사열도 상당했다. 히스파르라가 빤히 보이는 곳에서 점심 이 준비되는 동안, 포터들은 음악도 없이 손뼉을 치며 노래를 불렀다. 이 때를 놓칠세라 일행 하나가 엉덩이를 툭툭 털고 일어나 그들 앞에서 춤 을 추었다. 포터들의 박수 소리는 더욱 커졌고 어디선가 휘파람 소리도 들렸다. 이때부터 그는 포터들 사이에서 유명 인사가 되어 춤판이 벌어

기도하는 사람들

질 때마다 인기를 끌었다.

웬일인지 앞서 출발한 포터들이 더는 이동하지 않았다. 히스파르라까지는 더 가야 하는데 무슨 일이지?

나중에 알았지만, 이곳 포터들은 자신들이 적당하다고 생각하는 야영지가 나타나면 일단 멈추어서 왜 여기서 야영을 해야 하는지, 다음 야영지가 왜 안 좋은지 등을 설명했다. 그러면 가이드가 우리에게 포터들의 의견을 전달했다. 그들은 날이 뜨거워서 눈이 녹으면 위험하니까 여기서 야영하기를 바랐다. 하루에 히스파르라를 넘자고 제안한 것도 그들이었는데 일정을 또 변경하자는 얘기였다. 나는 그들이 이런 식으로 말을 바꾸는 데 화가 났다. 야영지로 염두했던 스노레이크도 히스파르라도 아닌 어중간한 곳이었다. 우리는 후세인에게 목소리를 높였다. "우리에겐 약속된 일정이 있고, 당신들은 그 약속을 성실히 이행할 의무가 있다!"고. 결국 다시 출발했다.

전후 상황을 보면 후세인은 하루 만에 히스파르라까지 가는 일정을 의심하지는 않았던 것 같다. 오후에 히스파르라를 넘는 게 위험했다면, 당초 계획대로 스노레이크에서 야영하면 될 일이었다. 아니면 더 이른 새벽에 출발했던지. 후세인은 갑자기 멈춘 포터들의 의견을 우리에게 전달한 것이고 우리가 항의하자 포터들을 설득했던 것 같다. 사실 아무리 가이드라고 해도 포터들이 동의하지 않으면 힘을 쓰지 못한다. 포터들은 모두 같은 마을 사람들이고, 후세인은 그들과 친분이 없었다. 종종 포터들의 단체 행동으로 곤란을 겪는 원정대도 있다. 다행히 우리는 포터들의 협조를 얻는 데 무리가 없었다.

히스파르라로 향하는 길은 멀리서 보던 것보다 수월했다. 단단하게 쌓인 눈이 생각보다 안전하게 느껴졌다. 눈이 녹아 질퍽거렸지만 빠지는 깊이가 발목을 넘지는 않았다. 이런저런 상황을 종합해 봤을 때 나는 안자일렌을 풀어도 되겠다는 결론을 내렸다. 수십 명의 포터가 지나간 발자국만 따라간다면 위험하지 않을 듯했다(안전은 아무리 강조해도 지나치지 않는 법. 나는 내 걸음에 확신이 있었지만 분명 위험한 행동이었다).
나는 포터들 뒤에 바짝 붙었다. 그들이 쉴 때 같이 쉬면서 지나가는 포터
들에게 사탕을 나눠줬다. 앞서 멈추었을 때 화를 낸 게 머쓱했는데, 그들
은 아무렇지 않게 웃어주었다. 그리곤 내게 '스트롱(strong)' 하다며 엄
지를 치켜세웠다. 히스파르라를 코앞에 두고 갑자기 눈이 쏟아졌다. 하
지만 얼마 안 가 금세 맑고 파란 하늘이 다시 나타났다. 고개 정상에 혼자
도착하자 유수프가 놀란 듯 쳐다보며 혀를 쑥 내밀었다.

포터들은 짐을 내려놓자마자 잠자리부터 만들었다. 삽으로 깊게 눈을
파내고 눈 벽돌로 담을 쌓았다. 그렇게 쌓은 담 위에 방수포를 덮었다. 밖
에서 보면 무릎 정도의 높이였다. 순식간에 이누이트족의 이글루(Igloo,
얼음과 눈덩이를 쌓아서 만든 집) 같은 집이 만들어졌다. 나는 그들의 솜
씨를 보면서 적응력에 감탄했다. 그들은 나름 과학적인 방법으로 자신들
의 보금자리를 만들었다. 비록 장비는 허술했지만 예닐곱 명이 함께 자
면서 서로의 온기를 나눴다. 굳세고 강인한 사람들이다.

스노레이크를 걷는 포터들

빙하 대탐험

다른 때보다 긴장되는 아침이었다. 히스파르빙하로 내려가는 건 스노레이크에서 올라올 때보다 더 위험하기 때문이다. 며칠 전, 오스트리아 팀도 길을 찾지 못하고 돌아갔다.

2015년 네팔 대지진의 영향으로 길이 바뀐 이후, 3년 동안 히스파르라를 넘어간 팀이 없었다. 게다가 비아포-히스파르빙하는 파키스탄에서도 흔치 않은 트레킹이다. 여름 시즌이면 대부분 K2 쪽으로 향하기 때문에 이쪽으로 오는 팀 자체가 많지 않다. 설사 온다 해도 길을 잘 알지 못하고, 히스파르라를 무사히 넘을 정도로 유능한 가이드도 많지 않다.

우리는 이번에도 안자일렌을 하고 딱딱한 눈을 밟으며 내려갔다. 하늘은 구름 한 점 없이 파랬다. 눈을 밟을 때마다 바삭, 하는 경쾌한 소리가 났다. 완만하던 눈밭이 이내 가파르게 바뀌었다. 숟가락으로 마구 퍼먹은 케이크처럼, 두꺼운 아이스크림이 녹아내린 것처럼, 몇 겹의 눈으로 덮인 빙하가 무질서하게 놓여 있었다. 스태프들은 그런 길을 요리조리 잘도 빠져나갔다. 우려했던 것보다 체감 난이도가 그리 높지는 않았다. 무엇보다 경험 많은 후세인의 역할이 컸다. 그는 다른 여행사 소속이지만, 우리 일정이 워낙 길고 험해서 일부러 모셔온 베테랑 가이드였다. 빙하를 다 내려와서 보니 우리가 지나온 길이 어마어마했다.

7월 중순으로 접어들자 한낮 기온이 크게 올랐다. 빠르게 녹은 빙하는 종종 범람하는 물길이 됐고, 그때마다 유수프가 앞장서서 징검다리를 만

히스파르라를 내려가는 스태프들

범람하는 물을 건너는 포터들

들었다. 그는 내가 네팔에서 만난 셰르파(Sherpa, 히말라야 고산족이자 등반 안내인) '곌젠'을 떠올리게 했다. 말없이 자기 일에 충실한 사람이었다. 정오도 되지 않았는데 카니바사(Khani Basa 4500미터)에 도착했다. 돌무더기로 가득한 야영지였다. 무지막지한 히스파르빙하가 손에 잡힐 듯 가까웠다.

다음 날 아침. 이제부터는 하산이라 괜찮겠지 싶었는데, 웬걸 오히려 더 험난했다. 시작부터 부서지는 비탈길을 내려서다가, 밭을 갈아 놓은 것 같은 카니바사빙하(Khani Basa Gl.)에 들어섰다. 뒤돌아보니 포터들도 위태롭게 내려오고 있었다. 내려오는 사람이 많아질수록 돌이 굴러

카니바사빙하에서

떨어지는 횟수도 잦아졌다.

　다시 빙하에 들어서자 우리는 모두 개미가 되었다. 올라갔다가 내려갔다가, 이리로 갔다가 저리로 갔다가. 마치 미로를 헤매며 길을 찾는 것처럼 긴장의 연속이었다.

　히스파르라를 넘어오는 것보다 여러 개의 지류 빙하를 지나는 게 더 문제였다. 포터들은 여러 그룹으로 나뉘어서 각자 최적의 루트를 찾으면서 갔다. 나는 요리 팀과 포터들을 따라가느라 숨이 가빴다. 비아포빙하는 얌전한 편이라 간혹 지루했는데, 이곳은 매우 거칠었다. 그만큼 희한한 모습의 빙하가 많아서 흥미진진했다.

점심은 정해진 시간에 먹는 게 아니라 적절한 장소가 나와야 먹을 수 있었다. 우리는 꽤 이른 시간에 박투르바익 굿델룸(Baktur Baig Gut Delum 4470미터)에서 점심을 먹고 다시 걸었다. 히스파르빙하는 비아포빙하처럼 빙하 중심부로 들어갈 일이 없어서 오른쪽 가장자리를 따라 걸었다. 그러다 보니 너덜길(돌이 많이 깔린 비탈길)과 초지가 자주 나타났다.

잘 가던 길이 어느 순간 툭 끊어지면 날렵한 유수프가 앞장서서 길을 찾았다. 그가 아래쪽을 가리키자 다들 흙먼지를 일으키며 더 아래로 내려갔다. 난폭한 물길이 길을 막고 있었다. 포터들이 짐을 내려놓고 우리가 건널 수 있게 도와줬다. 곧이어 나타난 비탈길은 한 발자국 올라갈 때마다 두 발자국씩 미끄러졌다. 그때마다 뽀얀 먼지와 함께 흙이 힘없이 같이 무너졌다.

빙하 트레킹은 빙하에 들어선 순간부터 끝날 때까지 크고 작은 빙하를 들락거리는 과정이었다. 울퉁불퉁한 모레인 지대, 무너진 산비탈, 더러는 길이 끊기는 일들이 반복됐다. 빙하 안으로 들어서면 있던 길도 없어졌다. 한참 미로 속을 헤매다가 어디선가 그 길을 다시 연결해야 했다. 그래서 일반적인 히말라야 트레킹보다 난이도가 있고 좀 더 모험적이다.

하구레 산갈리 참(Hagure Shangali Cham)에 도착한 건 오후 1시 반. 이제는 포터들이 멈추는 곳이 그날의 야영지가 되었다.

요리사 유스프

징검다리를 놓는 유수프

하구레 산갈리 참 야영지

아침 일찍 출발하다가 뭔가가 뒤통수를 잡아당기는 느낌이 들었다. 대열에서 나와 다시 야영지로 올라갔다. 자세를 낮춰 물을 들여다보니 그 안에 설산이 들어 있었다. 바람 한 점 없이 깨끗한 아침에나 볼 수 있는 장면이었다. 얼마 안 가서 보라색 꽃과 에델바이스가 지천인 초지가 나타났다. 설산과 빙하와 야생화가 함께 하는 풍경이라니. 그러나 황홀함은 잠시, 우리가 지나가야 할 빙하가 넓게 펼쳐졌다. 유트마루빙하(Yutmaru Gl.)다.

무거운 짐을 지고 비탈을 내려오는 포터들이 불안했다. 한 포터가 다시 올라가더니 할아버지 포터의 짐을 대신 지고 내려왔다. 그 모습을 감명 깊게 지켜보았다. 파키스탄 북부는 풍경만 멋진 게 아니라 사람도 멋졌다.

빙하는 들어가는 것보다 나오는 게 더 어려웠다. 미로가 엉키지 않게 잘 빠져나와야 한다. 포터들은 이런 길을 귀신같이 찾아냈다. 3일째 내려가는 중인데도 4000미터 대를 벗어나지 못했다. 한참 온 것 같은데 뒤돌아보면 아직도 히스파르라가 보였다.

날카롭고 황량하던 풍경은 고도가 낮아지면서 초지로 바뀌었다. 포터들은 자주색 식물을 먹곤 했다. 네팔 서부 히말라야에서도 많이 봤던 식물이다. 네팔 포터들은 이 식물로 식초나 어짜르(네팔식 장아찌)를 만들어주곤 했다. 밥도둑이자 훌륭한 안주였다. 유수프는 발티어로 '카콜

유트마르빙하의 미로

(Khakhol)'이라고 한다며 이름을 알려주었다. 그러면서 카콜 하나를 꺾어 껍질을 벗겨 주었다. 아삭아삭한 줄기에서 신맛이 배어났다. 익숙한 맛, 좋아하는 맛이다.

울룸부룸 분(Ulum Burum Bun)을 코앞에 두고 넘치는 계곡을 만났다. 빙하가 녹아서 한꺼번에 흘러내린 물이 금방이라도 우리를 잡아먹을 것처럼 거칠게 쏟아졌다. 유수프는 물을 건너 배낭을 내려놓고 다시 돌아왔다. 그러곤 언덕 위로 올라가 큰 돌을 떨어뜨렸다. 징검다리를 만들기 위해서였다. 나는 스태프들의 도움을 받으며 제일 먼저 건넜다. 다른 일행들은 아예 업혀서 건넜다. 이런 물길을 만날 때마다 스태프의 고

카콜

생이 말이 아니다.

　낮은 지대로 내려온 뒤 포터들은 더는 비닐 천막을 만들지 않았다. 이제는 비박(텐트를 사용하지 않고 야영하는 행위)을 해도 괜찮을 정도로 따뜻했다. 다 내려왔다고 생각해서인지 웃통을 벗고 이발을 하는 포터도 있었다. 어르신의 수염을 다듬어 주는 젊은이도 있었다. 마치 긴 사투 끝에 휴식을 취하는 병사들처럼 평화로운 모습이었다.

　길은 여전히 험난했다. 무너져 내린 사태 구간을 지나고 작은 빙하를 하나 더 건넜다. 비탄말(Bitanmal 3808미터)은 굉장히 넓은 초지라서 그만큼 가축의 똥도 많았다. 빗방울이 떨어져서 작은 오두막 안으로 들

머리를 깎고 있는 포터

어갔다. 먼저 점심을 먹은 포터들이 자리를 비켜줬다. 어두운 오두막 안은 생각보다 아늑했다. 움직일 때마다 먼지가 뽀얗게 일었지만 바깥에서 점심을 먹는 것보다 나았다.

포터대장 사비르는 오늘 달타나스(Dhaltanas 3700미터)까지 간다고 했다. 하지만 만나는 야영지마다 물이 없었다. 한참을 더 내려가 포터들이 멈춘 곳은 물이 넓게 퍼져서 내려오는 모래밭이었다. 사비르는 물이 불어나면 위험하다며 더 내려가야 한다고 했다. 결국 히스파르 직전에 있는 팔로리미키시(Palolimikish 3630미터)까지 갔다. 이틀 치 거리를 하루 만에 내려온 셈이다. 예정에 없던 진행이라 다들 힘들고 당황했지만 야영지는 기대 이상이었다. 넓고 깨끗한 초지가 카펫을 깔아 놓은 듯 판판했다.

빙하라고 하면 왠지 깨끗할 것 같은 이미지가 연상된다. 그러나 빙하 트레킹의 실상은 그렇지 않았다. 지금껏 빙하에서 만난 물은 깨끗함과는 거리가 있었다. 흙과 돌멩이가 섞인 모레인 지대는 빙하가 녹으면서 회색빛을 띄었다. 서해 바닷물에 진흙을 푼 걸 상상하면 된다. 스태프들은 식기류를 담아 왔던 커다란 플라스틱 통에 물을 담아 놓고 가라앉힌 뒤에 썼다. 그렇게 해도 저녁에 나온 밥에 회색빛이 돌았다. 그러나 누구도 심각하게 불편해하지 않았다. 걷는 동안에는 휴대용 정수기로 거른 물을 마셨다.

고산 트레킹은 위생과는 거리가 멀기 때문에 예민한 여행자들은 견디기 힘들 수 있다. 딱히 깨끗하다고 할 수 없는 음식에, 잠은 늘 텐트에서 자야 하고, 씻는 건 거의 포기해야 한다(간혹 빙하 녹은 물에 머리를 감기도 한다). 화장실은 없다고 봐도 무방하다. 특히 물로 인한 문제가 많아서 누구나 한 번쯤 설사로 고생을 한다. 그건 현지인들도 마찬가지다.

우리는 각자 원하는 자리에 텐트를 치고 오랜만에 머리도 감고 빨래도 했다. 비록 흙탕물이었지만 씻을 수 있단 자체가 좋았다.

스태프 대부분이 성실했지만 주방보조 하미드는 일행의 불만을 사고 있었다. 평소 지나치게 까불었다. 우리에게 자신이 필요한 물건을 대놓고 요구하기도 했다. 우리가 식당 텐트에서 차를 마시고 있을 때 불쑥 들

비탄말 오두막에서 점심을 먹고 있는 포터들

어와 차를 따라간다거나 빈자리에 앉는 일도 있었다. 스태프가 지켜야 할 기본적인 매너가 없었다.

나는 종종 스태프들이 해야 할 일을 제대로 하지 않으면 팁을 깎거나 주지 않겠다고 했다. 그러자 우리 일행 중 한 명이 그들이 불쌍하지도 않으냐고 물었다. 이런 여행이 익숙해지기 전에는 나도 같은 생각이었다. 하지만 더는 그들을 불쌍하게 보지 않는다. 하나의 직업으로, 서로 계약을 맺은 관계로 접근한다.

타인을 불쌍하게 여기는 마음이 때로는 폭력이 될 수도 있다고 생각한다. 그 마음 언저리에는 내가 저 사람보다 낫다는 우월한 마음이 깔려 있기 때문이다. 우리가 그들보다 조금 더 잘 살기는 하겠지. 그렇다고 해서 그들이 불쌍하거나 불행한 건 아니다. 우리가 이곳에 동정을 베풀기 위해 온 건 더더욱 아니다.

팁의 성격도 그렇다. 팁은 당연히 줘야 하는 인건비가 아니다. 고마움을 표현하는 방법의 하나다. 불쌍해서 팁을 주고 자신의 물건을 나누는 게 아니라 그들이 고마워서 주는 팁이고 선물이길 바란다. 또한 그들을 한 인간으로, 한 직업인으로 보길 바란다. 그들은 우리와 다르지 않다.

같은 맥락에서 포터나 현지인을 지나치게 미화하거나 환상을 조장하는 것도 경계한다. 비교적 선한 이들이 많은 건 사실이지만, 손님의 호의를 역이용하는 자들도 존재한다. 우리는 손님이면서도 고용주다. 이해관계가 존재한다. 인간적인 호의와 넘지 말아야 할 경계가 구분되어야 한다. 과도한 친절이나 혼자 배낭여행 하듯 스태프들에게 장난치고 스킨십을 하다 보면 적절한 선을 지키기 어려울 수 있다.

빙하를 완전히 탈출했다고 생각했는데 끝에 가서 예상치 못한 복병을 만났다. 황량한 산 아래에 오아시스처럼 자리 잡은 히스파르. 그곳에 가려면 히스파르강을 건너야 했다. 한데, 수단이라는 것이 부실하기 짝이 없어 보이는 두레박뿐이었다. 간신히 2명 정도 탈 수 있는 두레박은 나무판자로 대충 만든 것이었다. 더 큰 문제는 반대편에서 두레박을 끌어당겨 줄 사람이 없다는 것. 다들 발만 동동 구르고 있었다.

그때 포터 한 명이 현수교를 만들기 위해 줄만 연결해 놓은 곳으로 건너는 것이 보였다. 그의 발아래는 시커먼 강물이 포효하고 있었다. 높이도 꽤 됐다. 실수로 떨어지기라도 하면 끝이었다. 조마조마한 마음으로 지켜보았다. 다행히 무사히 건넌 그가 포터 2명을 태운 두레박을 자기 쪽으로 끌어당겼다.

두레박을 끌어당길 수 있는 젊은 포터들이 먼저 넘어갔다. 나머지 포터들과 짐이 뒤따랐다. 총 31명분의 짐을 옮기기까지 시간이 꽤 걸렸다. 다들 얌전히 자기 차례를 기다렸지만 긴장감을 숨길 수는 없었다. 마치 재난 영화의 한 장면 속에 들어온 것만 같았다.

우리는 맨 마지막에 2명씩 짝을 지어 두레박을 탔다. 다른 사람들이 넘

두레박을 타고 건너는 스태프들

살인미소를 날려주던 청년

어가는 걸 볼 때는 아찔했는데 막상 타보니 그리 위험해 보이지는 않았다. 계곡을 무사히 넘은 뒤, 기다리고 있던 스태프들과 하이파이브를 주고받았다. 정상에 올랐을 때보다 더 기뻤다.

몇 대의 차에 나눠 타고 히스파르를 떠났다. 나무 한 그루 없는 첩첩산중의 길이었다. 시커먼 강물은 금방이라도 흙산을 빨아들일 것처럼 급하게 흘렀다. 산사태로 길이 끊긴 곳은 짐을 들고 걸어서 이동한 뒤 맞은편에 있던 차로 갈아탔다. 이후에도 길은 계속 끊겼다. 그때마다 포터들이 당연하다는 듯 끊어진 길을 복구했다. 후세인도 먼지를 뒤집어쓰고 삽질을 했다. 그 와중에 지프 옆에 매달려가던 청년은 우리를 만날 때마다 살인미소를 빵빵 날려주었다.

훈자에 도착하자마자 짐을 내려놓고 밖에서 기다리는 포터들에게 있다. 고마움을 표시할 때가 되었다. 한 사람씩 일일이 악수하며 빳빳하게 접은 팁을 나눠줬다. 누군가에게 고마움을 표시하는 일은 정말 기분 좋은 일이다. 그리고 그 역할을 내가 할 수 있어서 기뻤다. 포터들은 여기서 모두 집으로 돌아간다고 했다. 아버지가 돌아오기를 손꼽아 기다리는 가족들 모습이 눈에 선했다. 그들 덕분에 험한 곳을 잘 지나왔다. 무엇보다 모두가 무사해서 고마웠다.

Chapter 3

신들의 광장

K2 트레킹 - 곤도고로라

파키스탄 북부 산악지대는 세계에서 유일하게 히말라야, 카라코람, 힌두쿠시, 파미르고원이 한곳에 모이는 곳이다. 히말라야 14좌 중 4개가 카라코람에 있다. 7000미터가 넘는 봉우리만 108개다. 파키스탄의 5대 빙하 역시 이곳에 몰려 있다. 좁은 지역에 가장 많은 고봉과 가장 길고 넓은 빙하가 모여 있는 셈이다. 사정이 이렇다 보니 19세기에 들어서야 카라코람에 탐험대가 접근했다.

K2 트레킹은 히말라야 14좌 중 4개의 베이스캠프(K2, 브로드피크, 가셔브룸 Ⅰ·Ⅱ)를 둘러보고, 곤도고로라(Gondogoro La 5625미터)를 넘어 후세(Hushe 3050m)로 내려가는 여정이다. 최소 20일 이상 소요되는 장기 트레킹이다. 여행사를 통해서만 허가를 받을 수 있어서 사실상 개별 트레킹이 불가하다. 모든 것을 들고 가야 하는 캠핑 트레킹인 만큼 대규모 인원이 함께 움직여야 한다. 비용도 만만치 않다.

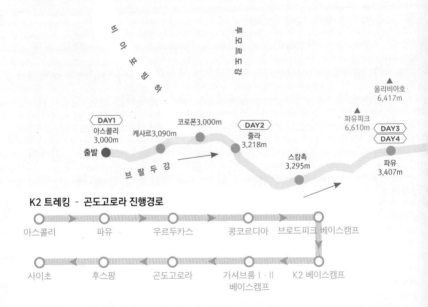

K2 트레킹 - 곤도고로라 진행경로

K2 트레킹은 파키스탄 5대 빙하에 속하는 발토로빙하를 따라가는 녹록지 않은 여정이지만 파키스탄 트레킹의 꽃이다. 히말라야 최고의 야성미를 가진 곳이라 할만하다. 곤도고로라는 베이스캠프보다 난이도가 높아 별도의 허가가 필요하다. 하산할 때 경사가 매우 급하며 위험하다. 후세 사람들은 여행자를 위해 매년 시즌이 되면 곤도고로라에 고정 로프를 설치해놓는다. 그런데도 눈이 많거나 날씨가 좋지 않으면 넘을 수 없다. 날씨가 좋다고 해도 낙석 위험이 커서 이른 새벽에 출발해야 한다. 안전을 위해 하네스와 아이젠이 반드시 필요하다. 곤도고로라가 부담스럽다면 베이스캠프만 다녀오는 원점 회귀 일정을 추천한다. 폭설 등으로 곤도고로라를 넘지 못하는 경우에도 원점 회귀 일정으로 진행한다.

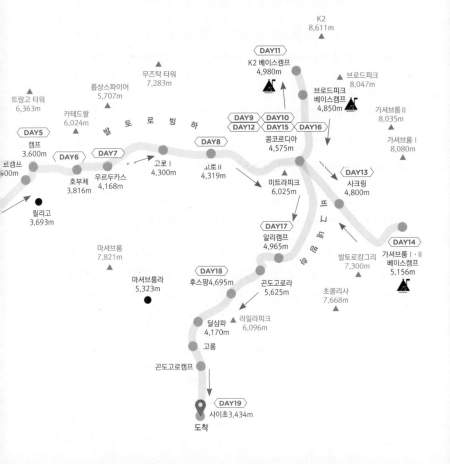

소소한 문제들

훈자를 떠나는 날 아침이었다. 후세인이 일행 한 명에게 왜 카고백을 갖고 내려오지 않았느냐고 물었다. 짐은 보통 스태프들이 들어주기 때문에 처음엔 그가 농담하는 줄 알았다. 그의 말에 일행이 장난스럽게 대꾸했고, 후세인은 굳은 표정으로 쌀쌀맞게 받아쳤다. 뭔가 틀어진 것 같은데 이유를 몰랐다. 후세인의 반응에 일행은 단단히 화가 났다. 이후 두 사람은 사이가 극도로 나빠졌다. 트레킹 내내 인사는커녕 눈조차 마주치지 않았다. 후세인은 노련한 가이드였지만 사람을 편애하는 경향이 있었다. 그는 대열의 맨 뒤에 있는 2명만 챙기고 있었다. 나는 그게 팁과 관련이 있을 거라는 짐작만 했다.

우리는 훈자에서 하루 쉬고, 3일간 가볍게 라카포시 베이스캠프 (Rakaposhi BC 3261미터) 트레킹을 했다. 그리고 K2 트레킹을 위해 다시 스카르두로 향했다. 3년 만에 히스파르라를 넘은 첫 팀이라며 여행사 사장 이크발이 축하 케이크를 준비했다. 의사소통을 맡았던 일행이 대표로 케이크를 잘랐다. 별거 아닐지 모르지만 괜히 씁쓸했다. 잡다한 고생은 다 해놓고 영광은 다른 사람에게 빼앗긴 기분이었다. 나중에 이크발은 내가 리더인지 몰랐다며 미안해했다. 착각하게 만든 내 잘못이었다.

스태프들은 그대로였지만 포터들은 대부분 새로운 이들로 바뀌었다. 7월이면 손님이 가장 많이 몰릴 때라서 포터들로서도 가장 바쁜 시즌이었다. 우리는 이번에도 꽤 많은 인원과 함께했다. 일행 6명, 스태프로 가이

난폭한 브랄두강의 허술한 다리

드와 요리 팀 5명, 포터 21명, 마부가 6명, 말과 당나귀가 9마리였다. 정리하자면 사람 38명에 말과 당나귀가 9마리인 대규모 군단이었다.

7월 말로 접어들자 아스콜리의 초록이 더욱더 짙어졌다. 날이 뜨거워지면서 발토로빙하의 온갖 것을 쓸고 내려온 브랄두(Braldu)강의 수량이 엄청나게 불었다. 난폭한 강 위에는 허술하게 매달린 다리 하나가 전부였다. 아슬아슬하기 짝이 없어 보이는 다리 위로 강물이 내뿜는 침방울이 거침없이 튀어 오르고 있었다. 다리 아래로 떨어지면 생사를 확인할 수 없다는 가이드북 내용이 떠올랐다. 왜 이런 상황 앞에만 서면 엉뚱한 상상을 하게 되는 건지. 다리를 건너는 짧은 순간에도 별 흉측한 생각이 다 들었다.

코로폰(Korophon 3000미터)에서 점심을 먹는 동안 다부지게 생긴 네팔 사람이 내려왔다. 그는 김홍빈 대장 원정대의 셰르파라고 했다. 고산을 등반하는 사람이라 눈빛이 강했고 뿜어져 나오는 카리스마도 일반인과 달랐다. 히말라야가 있는 곳이라면 그곳이 어디든 반드시 네팔 사람들이 있었다. 그들은 8000미터가 넘는 고봉부터 일반 트레킹까지 가이드, 셰르파, 요리사, 포터 등으로 일했다.

일행 중 오랫동안 네팔어를 배운 한 명이 그와 대화를 이어나갔다. 네팔을 특별하게 여기는 내게 그가 구사하는 네팔어는 신선하고 멋지게 다가왔다. 그가 네팔어를 배운 이유는 히말라야에서 영어가 아닌 네팔어로 말하고 싶어서라고 했다. 내가 앞으로 하고 싶은 일 중 하나가 히말라야에서 현지어를 쓰며 다녀보는 건데, 그는 이미 하고 있었다.

내가 아는 네팔어라고는 걸으면서 스태프들에게 배운 게 전부다. 단어 몇 개, 간단한 질문이나 대답 정도라서 배웠다고 하기에 민망한 수준이다. 그나마도 트레킹이 끝나면 잊어버렸다. 3년 정도면 내가 계획한 히말라야 여행을 거의 마칠 것 같다. 그때 네팔에 살면서 정식으로 네팔어를 배워볼 생각이다. 잠시나마 현지인이 되어서 생활 여행자가 되어 보는 것. 내가 히말라야에 품고 있는 꿈 중 하나다.

우리는 줄라(Joula 3218미터)를 앞에 두고 두모르도(Dumordo)강을 따라 왼쪽으로 틀었다. 유일한 다리를 건너려면 돌아서 가야 했다. 줄라는 '줄에 매달린 바구니'란 뜻으로 예전에는 그야말로 줄에 매달린 바구니를 타고서 강을 건넜다고 한다. 줄라의 가장 좋은 자리는 하산 중인 팀이 선점했지만 우리도 나름 괜찮은 자리를 잡았다. 쉬는 동안 마부들은 말과 당나귀의 편자를 교체해 주었다. 저녁에는 중국 팀과 스위스 팀까지 합세해 텐트만 30여 동이 되었다. K2 트레킹의 인기를 실감하는 순간이었다. 내내 흐리더니 비가 쏟아졌다. 빗방울이 굵어지자 텐트 여기저기 빗물이 새기 시작했다. 밖으로 나가 텐트를 팽팽하게 당겨놓고 안쪽에 물이 새는 곳은 휴지를 끼워 넣었다.

간밤엔 꿈을 꾸었다. 오래전 산행을 함께 했던 친구가 나타났다. 그는

절벽을 깎아서 만든 길

편자를 교체하는 말

정상에서 사진을 찍으려는 나를 일부러 훼방을 놓았다. 나는 패씸하고 화가 나서 그를 흠씬 두들겨 팼다. 정말 통쾌했다. 히말라야에선 가끔 이렇게 희한하고도 황당한 꿈을 꾼다. 고소증의 여러 증상 중 하나다.

날씨는 여전히 흐렸다. 산 정상은 산 할아버지처럼 구름 모자를 썼다. 황량한 덤불 지대인 스캄촉(Skamtsok 3295미터)에 도착하자 유수프가 점심을 준비하고 있었다. 기다리는 동안 비가 부슬부슬 내렸다. 백인들이 테이블과 의자, 그늘막까지 갖춰진 곳에서 밥을 먹고 있었다. 우리는 왜 그동안 테이블과 의자가 아니라 바닥에 방수포를 깔고 그 위에 앉아 밥을 먹었을까. 우리가 백인이었다면 당연히 테이블과 의자가 준비되었을 텐데. 바닥 생활에 익숙한 우리는 굳이 테이블을 요구하지 않았다. 요구하시 않으면 스태프들도 당연하게 받아들인다. 유수프가 굴 깊은 오두막 안에 점심을 차렸다. 우리는 익숙한 불편 앞에서 말없이 밥을 먹었다.

파유(Paju 3407미터)가 가까워지자 작은 숲이 보였다. 파유는 '소금'이라는 뜻이다. 아직도 근처에서 소금을 생산한다고 한다. 파유는 K2로 가기 전 마지막 수목이 있는 곳이라 대부분 여기서 고산 적응을 하며 하루를 쉬어간다.

야영지에는 한국, 중국, 스위스, 영국 팀까지 모여 있어서 꽤 복잡하고 북적였다. 모두 대규모 팀이어서 스태프들과 포터들의 수만 해도 상당했다. 거기에 짐을 나르는 수많은 말과 당나귀까지. 정신을 빼놓기 충분했다.

구름 모자를 쓴 산

휴식하는 동안 포터들은 이곳의 나무를 이용해 며칠간 먹을 로티를 구웠다. 여행사가 포터들에게 지급한 석유 버너가 있지만 석유 냄새가 빵에 밸까봐 나무를 선호한다. 파유에는 우리 말고도 아웃도어 업체 콜핑이 후원하는 '청소년 오지 탐사대'도 있었다. 그들은 자신의 짐을 직접 지고 걸었고, 식사 준비나 설거지 역시 본인들이 하는 것 같았다. 큰 돔 텐트에서 여럿이 자는 방식이라 팀원들과의 배려와 협동이 중요해 보였다. 나중에 관계자의 이야기를 들어보니 현지 여행사 섭외부터 일정까지 팀원들이 스스로 조사해서 준비했다고 한다.

일행 하나는 특유의 친화력으로 스태프들과 빠르게 친해졌다. 한번은 그가 내게 스태프들이 나를 무서워한다고 했다. 무섭다기보다 다가가기 어렵다는 뜻이었을 것이다.

2016년 혼자서 히말라야 트레킹을 하겠다고 했을 때였다. 네팔에서 몇 번 신세를 졌던 대장님이 조언을 해주었다. 스태프들의 친절을 개인적인 감정으로 받아들이지 말 것, 착각하지 말 것, 겸상하지 말 것, 그들과 거리를 유지할 것. 대장님은 히말라야에서 여자들이 남자 스태프들과 어떤 실수를 하고, 어떤 착각을 하는지를 여과 없이 알려주었다. 덕분에 나는 히말라야를 혼자 걷는 동안 감정의 선을 넘지 않도록 거리를 둘 수 있었다. 혼자서 5개월 동안 많게는 10명이나 되는 스태프들과 함께할 수 있었던 것도 그 영향이 컸다고 생각한다.

먼 길을 가기 위해 내가 택한 방법은 '거리 두기'였다. 인간적인 친절함의 적당함은 아무도 모른다. 나는 선을 지켰다고 생각해도 상대방은 선을 넘었다고 생각할 수 있고, 그런 감정들이 쌓이다 보면 혼자서 먼 길을 갈 수 없다. 내가 추구하는 거리 두기로 인해 스태프들이 나를 어려워한다 해도 어쩔 수 없다. 반대로, 아무리 거리를 두어도 시간이 흐르면서 자연스럽게 가까워지는 부분도 생긴다. 시간이 걸릴 뿐 당장 보이는 게 전부는 아니다. 그리고 우리 중 누군가는 대하기 어려운 사람의 역할을 맡아야 한다.

　오후에 후세인을 불러 커다란 약상자를 보여주었다. 누구든 아프면 오라고 했다. 이 약은 포터들을 위한 것이고 좋은 약이라는 말도 잊지 않았다.

　파키스탄에 오기 선 어느 분의 소언에 따라 공통비로 약상자를 준비했다. 일행뿐만 아니라 현지인들을 위해서였다. 나는 의사도 약사도 아니지만 그들이 찾아올 때마다 적당한 약을 처방해주었다. 무릎 타박상으로 찾아온 포터에게는 소염진통제를 발라주고 약을 챙겨줬다. 사비르는 설사가 심해서 강력한 설사약 세 알과 개인적으로 챙겨온 영양제랑 비타민도 줬다. 이후 포터들은 심심하면 한 번씩 찾아와서 약을 받아 갔다. 사실 이 약상자는 다른 일행이 맡고 있었는데 그의 카고백이 좁다는 이유로 내게로 온 것이다.

악마의 목구멍, 발토로빙하

발토로는 K2를 비롯한 주변의 여러 빙하가 만들어낸 거대 빙하다. 이곳의 물은 인더스강으로 흘러가 많은 사람에게 삶의 터전을 제공한다. 발토로는 티베트어로 '땅을 풍요롭게 한다'라는 뜻이라고 한다. 참으로 적절한 비유다.

파유를 지나 본격적으로 발토로빙하가 시작되는 지점에 이르면 두 갈래의 길이 나온다. 왼쪽은 트랑고 베이스캠프(Trango BC)로 가는 길이고, 오른쪽은 릴리고(Liligo 3693미터)로 향하는 길이다. 일반적인 K2 트레킹은 후자를 따르지만 우리는 전자로 향했다.

포터들이 우리 모두에게 파키스탄식 이름을 지어줬다. 여자 넷에게는 각각 굴샨(Gulshan), 사피아(Safia), 룩사나(Rukshana), 할리마(Halima)라는 이름이 생겼다. 나에게 붙여준 굴샨은 정원(특별한 꽃), 사피아는 성실한 친구, 룩사나는 아름다운 뺨, 할리마는 예언자 무함마드의 부인 중 하나라고 했다. 나는 현지식 이름이 마음에 들어서 스태프들에게 '굴샨'으로 불러 달라고 했다. 나에게 이름을 붙여준 하미드는 매번 큰 소리로 "굴샨!" 하고 불렀다. 후세인과 만주르도 덩달아 그렇게 불렀다. 나를 어려워하는 사비르와 부끄럼쟁이 유수프는 여전히 '맘(Ma'am)'으로 불렀다. 사비르는 예의상 그랬던 것 같고, 유수프는 딸 이름이 굴샨이라 부르기 불편했던 것 같다.

파케르캠프(Faker Camp 3500미터)에서 점심을 먹고 30분쯤 가자 포

발토로빙하의 악마의 목구멍

트랑고 베이스캠프 가는 길

터들이 모여 있었다. 그들이 멈췄다는 건 여기가 야영지라는 뜻. 나이 많은 포터는 이곳이 마지막 그린 사이트(Green Site)라고 했다. 트랑고 베이스캠프까지는 2시간이나 더 가야하고, 가는 길이 오직 돌뿐이라는 말도 덧붙였다. 날씨가 흐린데다 구름이 많아서 아무것도 볼 게 없었다. 무지막지한 빙하를 건너는 것도 내키지 않았다. 우리는 포터들이 멈춘 자리에 짐을 풀었다.

트랑고 베이스캠프까지 못 간 게 조금 아쉽긴 했다. 그래서 오후에 트랑고 타워(Trango Tower 6363미터) 맞은편에 다녀왔다. 엄지손가락처럼 생긴 암봉은 구름에 가려서 꼭대기가 보이지 않았다. 야생화를 보면서 한참을 기다려도 구름은 그대로였다. 결국 자리를 털고 일어났다.

새벽에 비가 내렸다. K2 트레킹을 시작하고부터는 매일같이 비가 내리고 있다. 오늘은 발토로빙하를 가로지르는 날. 애초부터 길이 없는 곳이다 보니 시작부터 우왕좌왕했다.

포터들은 여러 그룹으로 나뉘어 흩어졌다. 요리 팀과 가이드도 각자가 생각하는 곳으로 길을 내며 갔다. 나는 하던 대로 유수프를 따라갔다. 남자 일행들은 포터들을 따라가고, 후미는 가이드와 움직였다. 제각각이었지만 다들 길을 찾는 데 도사였다. 유수프는 길을 보는 능력이 탁월했다. 가이드를 해도 잘 할 것 같은데 부끄러움이 너무 많았다.

발토로빙하는 비아포-히스파르빙하보다 더 웅장하고 극적이었다. 빙하 사이사이를 지나는데 마치 여러 개의 얼음산을 넘는 기분이었다. 흙빛과 옥빛의 빙하 호수도 자주 나타났다. 빙하가 녹아서 만든 호수들을 위에서 내려다보면 악마의 목구멍 같았다. 발을 헛디디면 곧바로 까마득한 추락으로 이어지는 곳이었다. 나는 일행들과 걷는 것보다 네팔에서처럼 스태프들과 걷는 게 편했다. 같이 사진을 찍거나 애써 이야기를 하지 않아도 되는 정도의 거리감이 좋았다. 그들과 걸을 때는 오롯이 걷기에만 집중할 수 있는데 누군가 옆에 있으면 신경이 쓰였다.

함께 여행한 지 한 달이 넘어가자 각자의 취향이 분명하게 드러났다.

트랑고 타워

여행만큼 개인의 취향을 극명하게 보여주는 시간도 없지 싶다. 여행은 그 자체로 '취향의 발견'이었다. 4명은 주로 텐트에서 조용히 음악을 듣거나 책을 읽었고, 나머지 2명은 바깥에서 수다 떠는 걸 좋아했다. 춤판이 벌어지면 같이 춤을 추고 카드 판이 벌어지면 같이 놀았다. 나는 내가 '시끄러움'을 좋아하지 않는다는 것을 새삼 재확인했다. 다닥다닥 붙어 있는 텐트는 방음이 되지 않았고, 높은 톤의 말과 웃음소리는 휴식을 힘들게 했다. 서로의 다름이 불편함이 되기 시작했다. 좋고 싫음이 거미줄처럼 얽혀갔다.

언제부터인가 나는 특정 목소리에 반응하고 있었다. 보고 싶지 않은 얼굴을 마주하는 일에 엄청난 에너지가 소모되었다. 신경이 곤두설 때마다 미움이 뾰족하게 고개를 들었나. 피하고 싶었나. 철없던 시절 내놓고 드러냈던 감정을 이제는 감추고 싶었다. 눈을 마주치지 않으려고, 최대한 떨어져서 걸으려고 무리해서 앞서 갔다.

여행은 좋았던 사람에게서조차 최악의 감정을 끌어내기도 한다. 생사를 걸고 등반한 원정대 동지와 원수가 되고, 연인이나 부부가 헤어지고, 아무리 오래된 친구라도 순식간에 틈을 벌릴 수 있는 게 여행이었다.

그래서 후회했다. 나와 비슷한 성향이라 생각했기에, 잘 맞는다고 여겼기에 그에게 먼저 여행을 제안했던 터였다. 그와의 동행을 얼마나 기대했던가. 하지만 그는 먹는 것부터 음악 취향, 사람을 대하는 것까지 나

발토로빙하

와 너무도 달랐다. 취향의 차이가 불만이 되고 미움이 되는 건 순식간이었다. 그를 막걸리 한 잔 나눌 수 있는 좋은 사람으로 남겨두어야 했던 걸까. 내 욕심으로 여기까지 끌고 온 것일까…….

여행은 다양한 상황에 놓이는 자신을 관찰하며 성장하는 시간이기도 하다. 나는 혼란스러웠지만 견뎌보기로 했다. 처음부터 잘하는 사람은 없으니까. 여행도 연습이 필요하니까.

호불체(Khoburtse 3816미터)까지 4시간 반이나 걸렸다. 점심을 먹고 유수프가 알려준 봉우리 이름을 전부 외웠다. 삼각형 모양의 파유피크(Paju Pk. 6610미터), 닭 벼슬이라는 뜻의 울리비아호(Uli Biaho 6417m), 거대한 암벽 트랑고 산군, 대성당이라는 뜻의 카테드랄(Cathedral 6024미터), 열린 첨봉을 뜻하는 롭상스파이어(Lobsang Spire 5707미터). 사람들이 K2 트레킹에 반하는 이유를 알 것 같았다. 이곳은 네팔 히말라야와 달랐다. 더 거칠고, 야생적이고, 아름답기까지 했다.

호불체 야영지

신들의 정원

카테드랄은 이름처럼 대성당처럼 보여서 가는 내내 눈길을 끌었다(현지인들은 '치렁'이라고 불렀다). 내가 일행들보다 한참 앞서가자 포터 하나가 오늘은 3시간만 가면 된다고 일러주었다. 천천히 가라는 뜻이었다. 포터들이 가는 지름길이 재미있어 보였고, 그런 길을 따가는 게 좋았다. 뒤따라오던 유수프가 바위 사이를 사뿐사뿐 뛰어넘더니 이내 사라졌다. 평생을 고산에서 지낸 그는 산양처럼 빠르고 정확했다. 앞서가던 유수프가 멈추더니 비켜서라는 손짓을 했다. 곧 어마어마한 수의 말과 당나귀들이 지나갔다. 한 팀인지 여러 팀인지 모르겠지만, 유수프 말대로라면 100마리 정도는 되는 것 같았다.

바위산 아래 자리 잡은 우르두카스(Urdukas 4168미터)는 '깨진 바위'라는 뜻을 가진 장소다. 몇 년 전 이곳의 바위가 무너지면서 야영하던 사람들을 덮쳤고, 포터 3명이 사망했다. 그 뒤로 야영지가 산비탈 중턱으로 옮겨졌다.

우리가 머문 우르두카스 야영지는 맑은 물이 잘 나왔다. 다른 곳보다 정비가 잘 되어 먼지가 날리지 않았다. 야영지 뒤로 트랑고 산군과 카테드랄을 한 눈에 볼 수 있는 전망대도 있었다. 점심엔 솜씨 좋은 일행이 스파게티 면으로 비빔국수를 만들어줬다. 며칠 뒤엔 짜장 분말을 넣어 짜장면을 만들어 주었다. 어떻게 스파게티 면을 활용할 생각을 했는지 기발했다.

지나가는 말과 당나귀들

우르두카스 야영지와 카테드랄

스파게티 면으로 만든 비빔국수

우르두카스의 밤

우르두카스를 지나면서 길은 발토로빙하 안쪽으로 이어졌다. 워낙 많은 사람이 지나는 곳이라 빙하사이로 난 길이 뚜렷했다. 고로 I(Goro I 4300 미터)에 가까워지자 얼음 기둥에 바위가 얹힌 아이스돌멘(Ice Dolmen, 고인돌 형태의 빙탑)이 자주 보였다. 버섯 같기도 하고 고인돌 같기도 했다. 고도가 높아지면서 하나둘 얼음 언덕이 드러났다. 세락(Serac, 빙하가 떨어질 때 생겨난 빙벽이나 빙탑) 혹은 아이스 큐브(Ice Cube)라고 불리는 것들이었다.

고로 I에서 유수프는 보이는 봉우리마다 이름을 알려주었다. 그는 여기서 마셔브룸라(Masherbrum La 5323미터)에 갈 수 있다며, 몇 해 전 만주르와 함께 다녀왔다고 했다. 그러면서 내게 처음으로 질문을 했다. 네팔에 몇 번이나 가봤는지 궁금했던 모양이다. 나는 5년 동안 다녔고, 최근에는 1년에 5~6개월 정도를 네팔에서 지낸다고 했다. 파키스탄에 오기 전 네팔에서 두 달 반을 걸었고, 가을에 다시 갈 거라고 하자 놀랍다는 표정을 지었다.

점심을 먹고 1시간 반 만에 고로 II(Goro II 4319미터)에 도착했다. 날은 흐렸지만 빙하 덕분에 눈이 즐거웠다. 짐을 정리하고 텐트 주변을 어슬렁거리다가 압바스를 마주쳤다. 22살인 그는 내 카고백을 담당하는 포터지만 한 번도 말을 섞은 적이 없었다. 말이 없는 친구였다.

고로 ‖ 야영지

　나는 압바스를 불러 텐트 앞에 쭈그리고 앉아 같이 사진을 찍었다. 사진 찍는 걸 그다지 좋아하지 않지만 왠지 이 친구와는 기념사진을 남기고 싶었다. 나는 수줍고 선한 인상을 지닌 사람이 좋다. 막 까불고 들이대면 거북하다. 친하지도 않은데 친한 척하고, 과하게 친절을 베풀고, 가식적인 웃음을 지으며 다가오는 것도 불편하다. 시간을 두고 천천히, 자연스럽게 친해지는 게 좋다. 친해진다 해도 서로가 닿지 않게, 적당히 떨어져 있는 게 좋다. 1년에 한 번을 만나도 반갑고 편할 수 있다면 족하다.

　차를 마시고 있는데 군인들이 찾아와서 긴장했다. 알고 보니 우리와 사진을 찍고 싶어서였다. 흔쾌히 응했다. 아무리 멋진 곳이라도, 이 높은 곳

고로 II에서 포터 압바스와

에서 고립된 생활을 하다보면 사람이 그립고 외로울 것이다.

　나도 그랬다. 네팔 히말라야에서 오랫동안 고립되어 걸을 때 사람이 가장 그리웠다. 혼자 다니는 게 편하고 챙겨주는 스태프들이 있어도 그랬다. 오랜만에 사람을 만나면 반가움 이상의 무언가가 있었다.

　사람들과 있을 때는 혼자 있고 싶고, 혼자 있을 때는 사람들이 그립다. 집에 있을 때는 여행을 떠나고 싶고, 여행이 길어지면 집에 가고 싶다. 아이러니한 일이다.

　아침마다 압바스를 위해 카고백 위에 간식을 올려놓았다. 생각보다 음식이 잘 나와서 따로 챙겨온 간식을 먹을 일이 없었다. 소소하게 나눠주

오름처럼 솟은 세락들

는 즐거움도 좋았다. 고로 II를 지나자 본격적으로 세락 지대가 나왔다. 하얀 얼음덩이가 작은 오름처럼 여기저기 솟아 있는 모습이 신기했다. 눈앞에는 가셔브룸 연봉이 선명했다.

저 어마어마한 산 위에 올라가기를 꿈꾸기보다, 산 아래서 산을 올려다보는 자체가 좋다. 산 아래 여러 길을 찾아다니며, 이쪽에서도 보고 저쪽에서도 보는 일. 삭막한 히말라야를 걷다가, 눈 덮인 히말라야를 만났다가, 거대한 빙하 지대를 지나기도 하는 일. 전문 장비 없이 나의 두 발만으로도 갈 수 있는 곳. 그런 곳을 두루두루 찾아다니면서 산 아래서 산을 보는 일이 즐겁다.

점심을 먹고 출발한 지 1시간 만에 콩코르디아(Concordia 4575미터)에 닿았다. 콩코르디아는 K2와 가셔브룸에서 내려오는 빙하가 발토로빙하와 만나는 곳이다. 지류 빙하까지 5개가 넘는 빙하가 이곳에서 모인다.

검은 돌멩이로 덮인 것처럼 보이지만 이 넓은 곳이 전부 빙하였다. 주변은 6000~8000미터 급 봉우리들이 즐비해서 어느 쪽을 바라봐도 높고 뾰족한 산뿐이었다. 발토로빙하 끝으로 보이는 발토로캉그리(Baltoro Kangri 7300미터)와 스노돔(Snow Dome 7150미터), 얼음벽이 아름다운 초골리사(Chogolisa 7668미터), 주교관의 모자를 닮은 미트라피크(Mitre Pk. 6025미터), 특이한 색깔의 마블피크(Mable Pk. 6256미터)와 그 옆의 크리스털피크(Crystal Pk. 6237미터), 8000미터가 넘는 K2,

브로드피크, 가셔브룸 연봉까지. 장엄한 산으로 둘러싸인 원형 분지가 바로 콩코르디아다. 이곳이야말로 발토로빙하의 정점이자 얼음 왕국, 신들의 정원이자 광장이었다.

1892년 최초로 K2 등반원정대를 이끈 사람은 마틴 콘웨이다. 히스파르-비아포빙하를 거쳐 발토로빙하 끝에 도착한 그는 스위스 알레츠빙하(Aletsch Gl.) 합류점의 이름을 따서 '콩코르디아'라는 이름을 붙였다. 넓은 빙하의 합류 지점이라 지형이 비슷했기 때문이다.

콩코르디아의 이름에 관해선 여러 설이 있다. 파리의 콩코르드(Concorde) 광장을 떠올리며 콩코르디아로 불렀다는 말도 있고, 현지어가 서구 관념에 의해 와전되었다는 말도 있다. 현지인들은 이곳을 '캉고르디아'로 부르는데 '캉고르'는 현지어로 '얼음 돌밭'이라는 뜻이다. 이를 유럽인들이 콩코르디아로 둔갑시켰을 것이란 설명이다.

콩코르디아 주변의 여러 산과 빙하도 콘웨이의 원정대가 이름 붙였다. 가셔브룸 I을 '히든피크'로, 가셔브룸 IV(7925미터)를 '빛나는 벽'으로, 초골리사를 '브라이드 피크(Bride Pk. 신부봉)'로, 발토로캉그리를 '황금 왕좌(Golden Throne)'로, 정상에서 수정을 발견했다 하여 '크리스털 피크'로. 이외에도 '브로드피크'와 '고드윈 오스틴빙하'가 있다. 지금은 대부분 발티어로 개명되었다.

알록달록한 텐트들이 모인 콩코르디아는 작은 마을이 되었다. 구름이 많아서 K2가 보이지 않았지만, 후세인은 우리에겐 시간이 많다면서 걱정하지 말라고 했다. 그의 말이 맞았다. 콩코르디아는 베이스캠프로 가기 위한 베이스캠프였다. 모든 베이스캠프가 이곳에서 출발해서 다시 이곳으로 돌아온다.

테트 문을 열어 놓고 있다 보니, 본의 아니게 포터들이 화장실 가는 모습과 자주 마주쳤다. 이곳 남자들은 소변도 앉아서 봤다. 그들의 긴 상의는 엉덩이를 가려주는 역할을 했다. 빙하 트레킹은 얼음이라는 특성 상 화장실을 설치하기가 어려운데, 콩코르디아에는 별도의 천막 화장실이 마련돼 있었다. 철근 구조물 위에 설치된 화장실 아래로 마대 자루를 매달아서 대소변이 모일 수 있게 했다. 이렇게 모인 것들은 시즌이 끝나면 쓰레기와 함께 아스콜리로 옮겨진다고 한다. 이마저도 불편한 사람들은 테트촌 바깥으로 멀리 원정 나가서 해결하고 돌아왔다.

쾌청한 하늘, 쨍한 아침. 휴식하기에 좋은 날이었다. 테트를 열어젖히니 어제는 보이지 않던 새하얀 봉우리들이 우아하게 나를 내려다보고 있었다. K2 여신이 단연 돋보였다.

날씨도 좋고 포터들의 사기도 올릴 겸 중간 팁을 정산했다. 가이드로서 수고한 후세인에게는 훈자에서보다 넉넉하게 주었고, 지난번에 팁을 깎았던 하미드는 따로 불러서 챙겨줬다. 그는 자신의 팁이 깎인 이유를 알고 있었고 이후로 조심했다. 우리를 불편하게 하던 행동을 멈췄다. 까

콩코르디아 야영지

불까불한 건 마찬가지였지만 성격이려니 했다. 처음엔 그리 밉상이더니 이제는 그럭저럭 귀여웠다. 사람 마음이라는 게 그렇다. 밉게 보기 시작하면 한없이 미운 사람이 되고, 예쁘게 보기 시작하면 다 예뻐 보인다.

베이스캠프 가는 길

간밤에는 두둑두둑 빙하 움직이는 소리가 들렸다. 살아 움직이는 빙하는 하루에 길게는 몇 미터씩 움직인다.

어차피 이곳으로 다시 돌아와야 해서 K2 베이스캠프까지 필요한 짐만 꾸렸다. 놓고 가는 짐은 사비르가 지키기로 했다. 빙하 둑을 지나는 길 곳곳에 빙하의 속살이 그대로 드러났다. 천년만년 쌓였을 얼음은 그 두께를 가늠조차 할 수 없었다. 모레인 지대로 들어서자 잡석 지대로 바뀌면서 길이 완만하게 이어졌다. 안전에 대한 확신이 들자 나는 다시 무리를 빠져나와 혼자 걸었다. 자발적인 건 무엇이든 좋았다. 외로움이든 고독이든.

장기 트레킹인 만큼 처음부터 자신의 속도대로 걷는다는 데 합의 했었다. 그래서 누군가가 나에게 후미를 챙기지 않는다는 말을 했을 때 의아하면서도 섭섭했다. 사실, 그들은 여행 내내 가이드의 보살핌과 안내를 독차지하고 있었다.

나는 채무가 있는 여행을 하고 싶지 않았다. 현지 여행사가 할인해 주겠다는 것도 사양하고, 다른 일행과 마찬가지로 모든 경비를 동일하게 부담했다. 여행의 자유와 당당함은 내 돈으로 하는 여행에서 나온다고 생각했다. 남의 돈으로 하는 여행에는 남의 마음이 담겨 있어서 사적이든 공적이든 남의 마음을 헤아려야 한다. 그러다 보면 내 자유는 제한되고, 자유보다 의무가 앞서고, 조금은 비굴해진다. 때에 따라서 책임도 커진다.

빙하의 두께

　나는 이 여행을 준비한 사람으로서의 역할은 다 하겠지만, 여행사 직원처럼 모든 것을 챙겨야 한다고는 생각하지 않았다. 서로가 필요해서, 원해서 참여한 만큼 각자 책임 하에 정해진 규칙 안에서 자유 여행을 한다고 생각했다. 누군가 챙겨주고 책임져 줄 사람이 필요하다면, 국내 여행사를 통하는 게 가장 확실하고 안전하다. 내가 이곳에 온 건 나의 여행을 위해서였지, 타인의 기대에 부응하기 위해서가 아니었다. 서로에게 피해가 되지 않는 선에서, 자신이 가장 좋아하는 방법으로 여행을 즐길 권리가 있다. 여행은 스스로 하는 것이기 때문이다.

네팔 무스탕(Mustang) 트레킹 때의 일이다. 당시 우리 팀 리더는 자신이 여행을 준비했지만 자유 여행임을 누누이 강조했다. 그는 자신의 여행 목적을 위해 대부분 혼자 다녔다. 많은 곳을 홀로 탐사했고, 저녁마다 책을 읽고 기록했다. 나는 그가 여행을 준비하는 데 어떤 도움도 주지 않았다. 밥 한 끼 사준 적도 없었다. 그런데도 고마움은 차츰 불만으로 바뀌었다. 왜 저럴까, 하면서 그의 리더십을 탓했다. 가이드의 챙김을 받으면서도 리더의 챙김을 기대했고 그게 당연하다고 생각했다. 나는 그가 어떤 수고를 했는지 몰랐던 것이다. 여행의 과정이 오롯이 각자의 몫이라는 것, 누군가에게 기대하고 의지할수록 여행은 불만을 낳는다는 것도. 타인에게 의지하는 여행은 시작도, 과정도, 결과도 전부 내 것이 될 수 없었다.

걷는 내내 K2가 시야에서 떠나지 않았다. 가까운 듯 보였는데, 몇 시간을 걸어도 쉽게 거리가 좁혀지지 않았다. 카라코람 최고봉인 K2의 또다른 이름은 발티어로 '초고리(Chogo Ri)'다. '큰 산'이라는 의미다. 중앙아시아 투르크족의 언어로 카라코람은 '검은(kara) 자갈(koram)'이라는 뜻이다. 빙하 계곡에 흩어져 있는 수백만 톤의 검은 빙퇴석 때문에 붙여진 이름이다.

카라코람은 인도 대륙에서 중국을 분리하는 거대한 분수령이다. 1856년 카시미르의 하라무크(Haramukh 5143미터) 정상 측량 점에서 카라

K2와 엔젤피크

코람의 많은 봉우리들이 발견되었다. 그때 바라본 순서대로 각 봉우리마다 카라코람의 이니셜을 따서 K1, K2, K3, K4, K5 하는 식의 기호가 정해졌다. 2년 뒤 K2가 세계에서 두 번째로 높은 봉우리로 확인되었다. 그러나 영국인들은 K2를 일컫는 여러 지역 방언 가운데 어떤 것이 옳은지 판단할 수 없어, K2라는 이름을 그대로 지도에 남겨놓았다.

1861년 영국인 등반가 고드윈 오스틴(Godwin Austen)은, 우르두카스의 뒤쪽 사면에 올라 K2의 정확한 위치를 확인하고 K2에 접근했다. 그는 서양인으로는 처음으로 발토로빙하까지 갔고, 그 코스를 측량하여 지도에 기록한 최초의 인물이다. 19세기 말 영국 장군이 그의 업적을 기려 K2를 '고드윈 오스틴 산'으로 바꾸려고 했다가 실패했다. 그러나 K2 동쪽 빙하는 여전히 '고드윈 오스틴빙하'로 남아 있다.

세계 최고봉인 에베레스트의 원래 이름은 티베트어로 초모룽마(Chomolungma)다. '세계의 어머니', '성스러운 어머니'라는 뜻이다. 네팔에서는 산스크리트어로 '하늘의 여신', '세계의 정상'이란 뜻의 사가르마타(Sagarmatha)로 부른다. 에베레스트라는 명칭은 영국 식민지 시절 측량 국장의 공적을 기려 명명된 것이다. K2 역시 에베레스트와 같은 운명에 처할 뻔했지만 측량 기호로 굳혀졌다. K2의 운명도 식민지 시절의 상처이긴 마찬가지다.

브로드피크 베이스캠프(Broad Pk. BC 4850미터)는 K2로 가는 길에 있었다. 누가 따로 얘기해 주지 않았으면 모르고 지나칠 뻔했다. 우리가 지날 때 마침 원정대가 있어서 베이스캠프라는 걸 알았다. '넓은 산'이라는 뜻의 브로드피크는 현지말로 '팔찬캉그리(Falchan Kangri)'로 불린다. 처음에는 K2와 가까워서 K3로 불렸다가 콘웨이에 의해 브로드피크가 되었다. 그는 K2와 가셔브룸 산군 사이에 있는 봉우리를 보고, 알프스 체르마트에 있는 세 개의 봉우리 브라이트호른(Breithorn)을 따서 브로드피크라 이름 붙였다.

베이스캠프 가기 직전 왼쪽의 작은 언덕에 메모리얼(Memorial)이 있었다. 언덕에 올라서자 K2를 비롯한 주변 산이 한눈에 들어왔다. 빙하의 광장 콩코르디아와 새하얀 초골리사가 보였다. K2의 신부봉으로도 불리는 초골리사가 맑으면 K2도 맑고, 초골리사에 구름이 끼면 K2에도 구름이 낀다고 한다.

메모리얼의 벽에는 사연 가득한 추모비로 빼곡했다. 우리말이 적힌 추모비에 저절로 눈길이 머물렀다. 그때마다 검게 탄 얼굴에 희미한 미소가 보이는 듯했다. 눈이 빨개지고 코끝이 찡해져서 괜히 먼 산을 바라보았다. 산이 데려간 사람들, 피 끓는 청춘을 바쳤던 곳. 그토록 원하던 산을 바라볼 수 있으니 행복할까. 그들을 위해 묵념을 했다. 후세인은 한 추모비를 가리키며, 우리와 만나기 직전 함께 했던 캐나다 남자라고 했다. 그는 트레킹을 끝내고 따로 등반하다가 사고를 당했다. 2018년 7월 22

메모리얼

일, 불과 보름 전 일이었다.

물을 건너던 유수프가 미끄러지더니 그대로 떠내려갔다. 한낮이라 빙하가 녹아서 물이 넘쳤다. 그는 금방 털고 일어났지만, 운동화와 바지가 흠뻑 젖었다. 그런데도 우리가 넘을 수 있도록 징검다리를 놓았다. 책임감이 무척 강했다. 고맙고 또 미안했다.

베이스캠프에는 먼저 도착한 포터들이 볕을 쬐며 쉬고 있었다. 압바스는 나를 보자마자 손을 흔들며 텐트 위치를 알려줬다. 좋은 자리에 텐트를 쳐놓고 다니기 편하도록 계단까지 만들어 놓았다.

나는 5일째 압바스의 어깨에 난 상처를 봐주고 있었다. 매일 약을 발라

물에 미끄러지고도 징검다리를 놓는 유수프

주고 밴드를 붙여줬다. 처음에 압바스는 아프다는 말도 못 했다. 그의 친구들이 알려줘서 상처를 보게 됐고 그 뒤로는 알아서 찾아왔다. 포터들은 발가락 조금 까진 것과 얼굴에 난 여드름까지 여러 이유로 나를 찾았다. 평상시라면 그냥 넘어갔을 일도 구실을 만들어 약을 바르고 싶어 했다. 여드름은 면봉으로 있는 힘껏 짜서 연고를 발라줬고, 발가락은 물티슈로 닦은 후 밴드를 붙여줬다.

저녁 무렵 빙하 둔덕을 넘어가는 포터들을 홀린 듯 따라가다가, 그들의 마지막 옷자락이 사라지는 걸 보고 그대로 멈췄다. 황홀한 풍경 앞에서 나는 그만 얼음이 되고 말았다. 온통 하얀 세락이 가득한 곳, 삐죽삐죽

콩코르디아와 초골리사

솟은 세락이 물결처럼 넘실거렸다. 얼음의 파도였다. 얼음의 숲이기도
했다. 세락 어딘가에 얼음 요정이 있을 것만 같았다. 나는 찬찬히 고개를
들어, 너무 높아서 꼭대기가 보이지 않는 K2를 바라보았다. 아득한 꿈속
을 걷는 것처럼, 어느 날 갑자기 히말라야에 와 있는 것처럼, 순간 모든
것이 생소해졌다. 정지된 화면 속의 나를 다른 곳에서 보는 것만 같았다.

3시간 반 만에 도착한 콩코르디아에서 낯익은 얼굴을 만났다. 지난번
비아포-히스파르빙하에서 함께 했던 인상 좋은 포터 아저씨였다. 아저씨
는 우리가 쉬는 동안 다른 팀에서 일했는데, 지난번 파유 가는 길에 이어
다시 만난 것이다. 나는 그를 볼 때마다 멋진 교생선생님 같다는 인상을
받곤 했다. 왠지 신사복이 잘 어울릴 것 같았다. 그와 특별히 친했던 건
아니지만 세 번이나 보게 되니 정말 반가웠다. 덥석 악수하고 특별히 아
끼던 간식을 드렸다. 아저씨는 잠깐 있으라고 하더니 밀크티 한 잔을 내
왔다. 내친김에 같이 기념사진도 찍었다.

콩코르디아에 있는 동안 포터들은 자주 춤판을 벌였다. 파키스탄 사람
이라고 해서 모두 노래와 춤을 즐기는 건 아니었다. 성격이 많이 좌우했
다. 사비르는 한마디로 잡기에 능했다. 몸놀림이 예사롭지 않은데다가
노래도 잘했다. 반면 유수프는 얼굴이 금방 빨개졌다. 춤을 추거나 노래
를 부를 때도 구경만 했다. 그리고 대부분은 음식을 준비하느라 바빴다.

이번에 갈 곳은 가셔브룸 Ⅰ·Ⅱ 베이스캠프(Gashebrum BC 5156미

요리를 준비하는 유수프

춤판을 벌인 포터들

사크링 가는 길의 빙하

터)다. 가셔브룸은 '아름다운 산'이라는 뜻으로 가셔브룸 IV의 아름다움을 따다가 지은 이름이란다.

우리는 콩코르디아에서 남동쪽 빙하를 따라갔다. 유독 말이나 당나귀 사체가 많이 보였다. 사람이든 짐승이든 태어난 곳의 환경에 따라 삶의 질이 달라진다. 2시간 반도 걷지 않았는데 포터들이 사크링(Shaqring 4800미터)에서 멈췄다. 오늘의 야영지였다.

간단히 요기하고 카메라를 챙겼다. 별다른 기대 없이 주변을 돌아볼 생각이었는데, 뜻밖의 장소를 발견했다. 야영지 양 옆이 빙하 계곡이었던 것이다. 나는 위에서 빙하를 내려다보다 직접 가보기로 했다. 혼자인데다가 위험할 수 있어서 각별히 조심했다.

가까이에서 본 빙하는 환상이었다. 사진을 찍으면서도 어찌나 신이 나던지, 한마디로 기분이 째졌다. 한쪽 면이 잘려 나간 것 같은 빙하는 큰 벽을 마주하는 듯했다. 더 깊게 패인 아래로 빙하수가 무섭게 흘렀다. 나무의 나이테처럼 주름이 선명한 빙하도 있었다. 산을 이루고 있는 빙하는 웅장했고 때때로 두려움을 주었다. 그런데도 한동안 빙하 주변을 떠나지 못했다.

반대편은 더 환상이었다. 빙하 사이로 봅슬레이처럼 굽이치는 물길은 뭐라 표현하기 어려운 기이한 모습이었다. 붉은 바위산 아래 두껍게 자리 잡은 빙하와 그 아래로 흐르는 연한 옥색의 물빛이 눈부셨다. 묘한 만

사크링에서 만난 빙하 계곡

족과 기쁨이, 아련한 슬픔과 범벅되어 가슴 한쪽이 뻐근해졌다. 눈은 왜 뜨거워지고 난리인지. 이 이상한 기분이 뭘까. 깨끗함과 아름다움, 신성함. 황홀 자체였다.

바인타에서 홀로 산책했던 그날처럼 이번에도 묘한 자유를 느꼈다. 혼자 떨어져서 시간을 보낼 때 비로소 편안해졌다. 나는 혼자 있을 때 에너지를 얻고 여럿이 있을 때 그 에너지를 쓴다. 조용하고 정적인 것을 좋아한다. 말을 하지 않고 시간을 보낼 수 있는 사람 중 하나다. 그래서 세상과 잘 지내다가도 종종 나만의 동굴에서 보내는 시간이 필요하다.

그런 사람이 히말라야에서 더 많은 것을 보겠다고 팀을 꾸렸다. 이 방식을 유지하는 한, 나는 갈등을 숙명처럼 안고 가야 할지 모른다. 얻은 것에 대해 치러야 할 대가인 셈이다. 세상엔 거저 얻어지는 게 없다. 이유 없이 생기는 무언가는, 나중에 반드시 이유 있는 대가를 치르게 되니 말이다.

가셔브룸 베이스캠프에 도착하니 압바스가 멋진 자리에 텐트를 쳐놨다. 다른 포터와 함께 전실과 계단도 만들어놓았다. 이 수줍은 청년은 내가 매일 챙겨주는 간식에 대해 아는 척도, 고맙다는 말도 하지 않았다. 하지만 가장 먼저 도착해서 좋은 자리에 텐트를 쳐주는 것으로 마음을 표현했다.

포터들은 주변의 돌을 모아서 임시 거처를 만들었다. 압바스는 말없

가셔브룸 베이스캠프로 가는 포터

베이스캠프에서 돌로 집을 짓는 포터들

이 카리스마로 일을 주도했다. 완성된 돌담 위에는 비닐이나 방수포를 씌웠다. 살짝 들어가 보니 훈훈하니 좋았다. 들어와서 차를 마시라고 했지만 나는 사진만 찍고 나왔다. 그러곤 텐트로 돌아가서 간식을 가져다가 나눠주었다.

새벽에 싸락눈과 함께 바람이 불었다. 포터들이 서둘러 내려갔다. 내려갈 때 풍경은 올라갈 때와 달랐다. 멀리 무즈탁타워(Muztagh Tower 7283미터)가 도드라져 보였다. 내내 우리를 따라왔을 텐데도 어쩐지 처음 보는 듯 낯설었다.

후세인 말대로 콩코르디아까지 4시간이 걸렸다. 오랜만에 조용히 쉬고

싶었는데, 두 일행이 포디들괴 텐트 가까이에서 춤판을 벌이려 했다. 이
번만큼은 얘기를 해야겠다 싶어서 다른 곳으로 옮겨 가달라고 했다. 내
텐트 옆에서 카드판을 벌이려고 할 때도 마찬가지였다. 여러 날 그들을
의식해온 것만으로도 피곤이 쌓이고 있었다.

인샬라, 신의 뜻대로 하소서

우려했던 일이 벌어지고 말았다. 저녁부터 내리던 비가 그칠 기미가 보이지 않았다. 우리는 어디로도 출발하지 못했다. 이번 여정의 가장 어려운 곳을 앞두고 있던 터라 콩코르디아에는 긴장감이 돌았다. 곤도고로라를 넘어야 하는 팀은 모두 4팀. 그중 우리만 6명이고 다른 팀은 2~3명씩이었다. 우리는 아침을 먹으면서 기다려보기로 했다. 얼마나 기다려야할지는 알 수 없었다.

한 일행은 이대로 하산하기를 원했다. 그는 높고 험하다는 곤도고로라에 대해 겁을 먹고 있었다. 나머지 일행들은 기다려보자는데 동의했다. 앞으로 3일간 날씨가 좋지 않을 거라는 암울한 소식도 들려왔다. 그 소식에 한 팀이 짐을 꾸려서 내려갔다. 우린 일정에 여유가 있었지만 장담할 수는 없었다. 여행사는 기다리는 동안 발생하는 추가 비용과 사고에 대해 자신들이 책임질 수 없다고 했다. 일정이 추가될 때마다 발생하는 비용을 대충 계산해 보니 다행히 공통비로 감당되는 수준이었다. 모자라는 식량은 내려가는 팀에게 구할 수 있을 터였다. 하지만 사비르의 의견은 달랐다. 그는 계속 비가 내리면 포터들의 건강에 문제가 생길 수 있기 때문에 이틀을 넘길 수 없다고 했다. 미처 거기까지는 생각하지 못했다. 우리는 그의 말대로 이틀 후에는 어느 쪽으로든 움직이기로 했다. 이제부터는 그야말로 인샬라(Inch Alla), 신의 뜻대로 하소서였다.

네팔 히말라야에서 큰 좌절을 여러 번 겪었던 나는 이 상황을 심각하게

빙하가 만들어낸 물길

받아들이지 않았다. 되도록 넘을 수 있는 방법을 찾아보고, 그래도 정 안 되면 내려가면 된다고 생각했다. 혼자서 결정해야 했던 수많은 순간. 많은 돈과 시간, 노력을 들이 부어도 안 되는 일들, 돌아서야 했던 날들. 그 런 경험 덕분에 웬만한 상황에는 어느 정도 담담할 수 있었다. 결과를 알 수 없는 소설의 한 부분을 읽는 것처럼.

오후로 접어들면서 다행히 비는 그쳤지만, 날씨는 여전히 흐렸다. 후 세인은 가셔브룸 아래 작은 봉우리를 가리키며 "저 산이 곤도고로라와 비슷한 높이라면서, 저기에 눈이 쌓이지 않았으니 곤도고로라도 괜찮을 것"이라고 했다. 후세인은 매일 저녁마다 우리에게 일정에 관해 브리핑 을 했주었다. 그의 경험이 가리키는 방향에 믿음이 갔다.

신은 우리 편이었다. 깨끗한 아침 하늘을 확인하고 곧바로 출발 준비를 했다. 잡석이 박혀 있던 빙하는 이내 평평하게 바뀌었고, 얼음이 녹으면 서 순식간에 물길을 만들어냈다. 뒤돌아볼 때마다 익숙한 K2가 보였다. 눈앞에 보이는 산은 신기루처럼 가도 가도 가까워지지 않았다.

알리캠프(Ali Camp 4965미터)에는 후세 사람들이 설치한 천막이 여 러 동 있었다. 레스큐 팀(Rescue Team)으로 불리는 이들은, 2000년부 터 시즌 때마다 곤도고로라에 고정 로프를 설치하고 가이드 역할을 해왔 다. 그래서 이곳을 넘는 사람들은 알리캠프부터 곤도고로라를 넘는 모든 과정을 전적으로 그들에게 의지한다. 우리는 알리캠프에 설치된 천막 하

알리캠프

나에서 6명이 같이 밥을 먹고 같이 잠을 잤다. 곤도고로라를 넘기 위해선 새벽 1시에 출발해야 했기에 잠자는 시간이 무의미하기도 했다.

누룽지와 커피 한 잔. 우리가 식사를 마치자 기다리고 있던 포터들이 재빨리 짐을 묶기 시작했다. 그들의 짐은 알리캠프로 오면서 25킬로그램에서 20킬로그램으로 줄었고, 곤도고로라를 앞두고 다시 16킬로그램으로 줄었다. 불필요한 짐은 콩코르디아에서 내려가는 포터와 마부 편에 보냈다.

포터들을 먼저 보내고 우리는 그 뒤를 따랐다. 모두가 줄을 맞춰 천천히 어둠 속을 걸었다. 평평하고 딱딱한 눈길을 걷는가 싶더니 갑자기 경사가 급해졌다. 매우 위험한 구간 같다는 느낌이 왔지만 보이는 게 없으니 오히려 마음은 편했다. 앞사람 발자국만 따라서 한 걸음씩 옮기다 보니 어느새 정상. 시계를 보니 4시 반이었다. 순식간에 올라온 것 같아서 괜히 싱거웠다. 덤덤하게 서 있는데 웬일로 후세인과 유수프가 하이파이브를 했다. 까불이 하미드는 나를 와락 안았다.

곤도고로라는 '돌 파편이 많은 고개'라는 뜻이다. 1986년 발토로빙하 상류에서 등반을 마친 원정대의 하산 루트로 개척되었다. 하지만 사고가 빈번해서 한때는 이곳을 넘을 수 있는 허가가 나오지 않기도 했다. 곤도고로라는 7월 말에서 8월 초순이 가장 안전하다. 북쪽 사면의 눈이 녹아서 눈사태 위험이 적고, 8월 중순부터는 다시 눈이 내리기 때문이다.

여명이 밝아오자 산의 실루엣이 드러나기 시작했다. 30분만 늦게 왔어도 K2를 비롯한 고봉을 볼 수 있었을 텐데 아쉬웠다. 우리가 내려갈 방향으로 뾰족한 봉우리들이 즐비했지만, 오래 감상할 여유가 없었다. 너무 추워서 하네스와 아이젠을 착용하고 얼른 내려갈 준비를 했다.

후세인은 나와 레스큐 팀 한 명을 가장 먼저 내려 보냈다. 나는 후세인에게 배운 대로 매듭이 나올 때마다 확보 줄을 풀고 다음 로프로 옮겼다. 그런데 인간적으로 매듭이 많아도 너무 많았다. 짧은 로프를 여러 개 연결해 놓은 곳이라 시간이 오래 걸렸다. 바위에 닳아서 해진 로프도 있었

곤도고로라 하산

다. 게다가 이 북사면은 50도쯤 되는 경사에다가 얼어있기까지 했다. 낙
석도 문제였다. 로프 한 줄에 여러 명이 매달리다 보니 중심을 잡기도 어
려웠다. 암벽 등반을 했다던 일행도 이런 로프에서는 겁을 먹었다. 나와
같이 내려온 친구는 중간 지점에서 쉬는 동안 팁을 요구했다. 그러면서
위험한 곳이 끝났으니 이제부터 혼자 내려가라고 했다. 자신은 올라가서
다른 사람들을 봐줘야 한다는 거다.

뒤에 내려오는 사람들에게는 이미 스태프가 한 명씩 붙어 있었지만, 나
는 로프에 매달린 채 혼자 내려갔다. 안전장치를 충분히 확인하고 조심

스레 걸음을 옮겼다. 이전에 암벽 경험이 있어서 겁나지는 않았다. 다만
맨 아래에 있다 보니 혹시 모를 낙석이 우려되었다.

　스페인 팀 포터 할아버지가 아이젠 대신 양말을 덧신은 채 내려가는 걸
봤다. 네팔에서도 비슷한 장면을 많이 봤었지만, 할아버지는 유독 아슬
아슬해 보였다. 우리 팀과 스페인 팀까지 많은 포터가 그의 곁을 지나갔
을 텐데, 왜 할아버지는 혼자가 됐을까. 어두울 때 도착한 곤도고로라 정
상에서 누군가를 챙기는 게 쉽지 않았을 텐데. 그렇게 뒤처진 할아버지
는 다른 포터들이 다 지나간 뒤에 홀로 내려가던 중이었을까. 나는 할아

우리가 내려온 곤도고로라 절벽

버지가 무사히 내려갈 것을 믿었다. 그간 만났던 고산지역 포터들은 허술해 보여도 허술하지 않았고 경험이 풍부했다. 게다가 할아버지가 정말 위험했다면 레스큐 팀이 보고만 있지는 않았을 것이다.

거의 다 내려가자 어디서 나타났는지 레스큐 팀의 다른 친구가 기다리고 있었다. 그는 후스팡(Khuspang 4695미터)까지 가는 동안 내내 '굿(good)'을 연발했다. 에너지젤을 줘도 굿, 사탕을 줘도 굿, 사진을 찍어도 굿, 쉬지 않고 걷는다고 굿. 후스팡이 가까워지자 언제 따라왔는지 유수프가 바짝 붙었다. 나는 두 사람을 먼저 보내고 천천히 걸었다.

이곳에는 눈길을 사로잡는 것들이 너무 많았다. 높고 파란 하늘, 창날 같은 라일라피크(Laila Pk. 6096미터), 예상치 못한 청록의 초원, 낮게 깔린 야생화. 어디를 봐도 그림 속에나 있을 법한 풍경이다. 나는 곤도고로라를 넘었다는 사실보다 이곳에 있다는 사실이 더 만족스러웠다.

오전 7시 40분. 알리캠프를 출발한 지 6시간 50분 만에 후스팡에 도착했다(포터들은 6시간 걸렸다). 만주르가 내준 밀크티를 마시는 동안 압바스는 나에게 텐트부터 보여줬다. 이번에도 가장 높은 곳이었다. 나는 배낭을 내려놓으며 그에게 '굿'을 날려주었다.

약간 몽롱했지만, 아침을 먹고 혼자 언덕에 올라갔다. 우리가 내려왔던 곤도고로라가 어떻게 생겼는지 보고 싶었다. 4800미터의 봉긋한 언덕 위에는 작은 돌탑과 함께 노란 야생화가 잔디처럼 깔려있었다. 내려다 본

노란 야생화가 잔디처럼 깔린 언덕

후스팡과 텐트들이 딱 그림처럼 느껴졌다. 그 뒤로 뾰족하게 솟은 라일라 피크는 바라보기만 해도 피가 뚝뚝 떨어질 듯 날카로웠다. 언덕에서 보아도 곤도고로라는 무지막지할 정도로 경사가 급했다. 저런 곳을 내려왔다니 괜히 가슴을 쓸어내렸다. 나는 작은 바위에 걸터앉아 좋아하는 노래를 들으며, 가보지 못한 산을 눈으로 훑으며, 나만의 히말라야를 즐겼다.

빙하가 녹는 계절이라 오후에 물이 넘치는 일이 잦았다. 매번 징검다리를 놓던 유수프가 웬일로 이번에는 나를 업겠다고 했다. 재빨리 등산화를 벗고 혼자 건넜다. 내 힘으로 갈 수 있는 곳이라면 그렇게 하는 게 좋았다. 히말라야 오지를 자주 찾는 만큼 스스로 강해질 필요가 있다고 생각했다. 간혹 도움 받는 것도 나쁘지 않지만 도움에 너무 익숙해지면 의지하게 된다.

고도가 낮아지자 숨이 막힐 정도로 뜨거웠다. 이 더위에도 양들은 머리를 맞대고 모여 있었다. 사이초(Saicho 3434미터)에 도착하자마자 그동안 애쓴 포터들을 위해 개인적으로 콜라를 샀다(콜라는 이곳에서 가장 대접받는 음료다). 그들을 위한 선물은 공통비가 아닌 사비로 하고 싶었다. 텐트에 짐을 풀고 나오자 야영장의 좁은 개울가는 순식간에 빨래터가 되어 있었다. 우리뿐만 아니라 포터들까지 나와서 빨래하는 진풍경이 펼쳐졌다. 오랜만에 씻고 빨래를 할 수 있어서 후련했다.

양들이 더위를 피하는 방법

사이초 야영지

Chapter 4

비밀의 정원

K6·K7 베이스캠프 / 아민브락 베이스캠프

K6 · K7 베이스캠프(4600미터) 트레킹은 사이초에서 시작하여 차라쿠사빙하
(Charakusa Gl.)를 따라가는 여정이다. K6(7282미터)는 '리틀 티벳(Little
Tibet)'이라는 애칭과 함께 '발티스탄 피크(Baltistan Pk.)'로 불리기도 한다.
K7(6934미터)은 K6와 마주 보고 있으며 베이스캠프는 K7에 가깝다. 길은 대
체로 뚜렷하나, 빙하로 들어서면 애매하기 때문에 주의해야 한다.

기간은 왕복 3~4일 정도 소요되며 야영이 필요하다. 웅장한 설산이 주를 이루는
K2 트레킹과 달리, 아기자기한 야생화 군락과 작은 호수에 비친 황홀한 반영을
즐길 수 있는 코스다. 일부 험한 구간이 있지만 난이도는 대체로 무난한 편이다.

아민브락(Amin Braq 5900미터)은 후세계곡에서 동쪽으로 갈라지는 K6 산군
에 속해 있는 암봉이다. 히말라야의 다른 고봉에 비해 고도는 낮지만 평균 경사
가 80도나 되는 1400미터의 벽을 올라야 하는 험봉이다. 그만큼 베이스캠프에
서 바라보는 아민브락과 주변 암봉의 정경이 압도적이다. 아민브락 베이스캠
프(Amin Braq BC 4318미터)는 칸데(Kande 2900미터) 마을에서 낭마계곡
(Nangma Valley)을 따라 간다. 왕복 3~4일 일정에 야영으로 진행한다.

낭마계곡은 현지인도 으뜸으로 여길 만큼 초지가 잘 형성되어 있다. 아민브락 베
이스캠프는 암봉으로 둘러싸인 이상향이라고 할 만한 곳이다.

K6 · K7 베이스캠프 진행경로(6스테이지)

사이초　　스팡세르　　K6 · K7 베이스캠프　　후세
(원점 회귀)

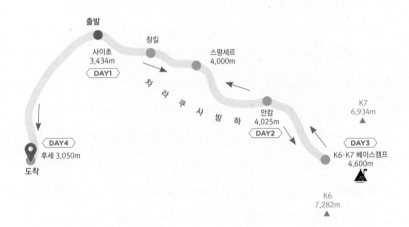

출발
사이초
3,434m
DAY1

창킬

스팡세르
4,000m

차 라 쿠 사 빙 하

안캄
4,025m
DAY2

K7
6,934m
▲

DAY3
K6 · K7 베이스캠프
4,600m

K6
7,282m
▲

DAY4
후세 3,050m
도착

아민브락 베이스캠프 진행경로(8스테이지)

칸데　　낭마계곡　　밍굴로브록　　아민브락 베이스캠프
(원점 회귀)

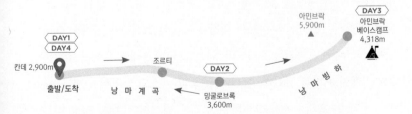

아민브락
5,900m
▲

DAY3
아민브락
베이스캠프
4,318m

DAY1
DAY4

칸데 2,900m

출발/도착

낭 마 계 곡

조르티

DAY2

밍굴로브록
3,600m

낭 마 빙 하

K6 · K7 베이스캠프

여행 시작 전 몇 가지 원칙을 정했다. 그중 하나가 공통비에 관한 것이다. 공통비는 기본 일정에만 사용하고, 이외는 개인이 부담하기로 했다. 다수에 의해 기본 일정이 갑자기 바뀌는 것을 방지하기 위함이었다.

굵직한 트레킹이 끝나자 6명 중 4명이 마을에서 쉬고 싶어 했다. 나는 이번 여정이 단체 여행인 동시에 각자가 추구하는 자유 여행이라고 생각해 그들을 말리지 않았다. 하지만 그들이 먼저 내려가는 문제는 그리 간단하지 않았다. 포터 중 절반이 약속한 날짜까지 일할 수 없게 되기 때문이다. 그들은 자기들 때문에 먼저 내려가야 하는 포터들에게 미안하다며, 의외의 요청을 해왔다. 내려가는 포터 수와 남은 기간에 대한 자신들의 팁 지분을 돌려달라는 것이었다. 내려가는 포터보다 그렇지 않은 포터가 더 많으니, 나머지 2명이 트레킹에 참여하는 포터들의 팁 전부를 부담하라는 얘기였다. 나는 돈 문제에 있어 누구보다 분명한 입장이라 그들의 요구를 받아들이지 않았다. 기본 일정은 트레킹이었고, 원칙대로 처리하면 될 일이었다.

쉬는 동안 비가 내렸다. 오후에 도착한 중국 팀은 염소를 잡고 우리 팀은 닭을 잡았다. 그 사이 사비르는 내려갈 포터와 트레킹에 참여할 포터를 나누기 위해 제비뽑기를 준비했다. 나는 그의 요청대로 포터들의 이름이 적힌 7개의 제비를 뽑았다. 뽑힌 이들 중 압바스도 있어서 기뻤다. 저녁에는 중국 팀 포터들까지 합세해 큰 춤판이 벌어졌다. 나는 둘로 나뉜 포터들의 팁을 계산하고, 내려가는 일행들을 위해 남은 경비를 정산하느라 텐트에서 움직일 수 없었다. 잠시 나갔다 올까도 싶었지만 텐트 바닥에 펼쳐 놓은 돈을 두고 어쩌지 못했다.

처음에는 누군가의 수고를 인정하지만, 그 수고가 반복되면 당연한 것으로 여긴다. 당연한 것에서 조금이라도 마음에 들지 않으면, 누군가의 수고는 무(無)로 돌아가고 때로는 역행하기도 한다. 다른 사람의 생색은 예민하게 들어오지만 나의 생색은 잘 보이지 않는다. 공부하는 심정으로 시작했던 첫 마음이 갈수록 지쳐갔다. 나의 수고가 점점 억울해졌고, 그들에 대한 섭섭함이 자라기 시작했다. 대가를 바란 것도 아니면서 사람 마음이 그랬다.

스태프 중 후세인, 유수프, 하미드는 우리와 함께하고 만주르는 일행 4명과 함께 내려갔다. 나와 함께 남은 B님은 스태프들과 자연스럽게 소통하면서도 현지 적응력이 뛰어났다. 누구와도 잘 지내는 듯 보였다. 하지만 돌고 도는 게 관계였다. 여행이 막바지에 접어들면서 관계는 끊임없이 달라졌다. 좋았던 사람이 미워지고, 무심했던 사람이 든든해지고, 온화할 것 같던 사람이 계산적이고, 끝없이 쿨 할 것 같던 사람이 까다롭고, 까다로울 것 같던 사람이 털털하고, 존재감 없던 사람이 존재감 있는 고집을 드러냈다.

K6·K7 베이스캠프는 사이초에서 올라갈 때 이틀, 내려올 때 하루면

사이초에서 출발하며

로티를 굽는 포터들

되는 짧은 코스다. 우리는 차라쿠사빙하를 따라 올라갔다. 차라쿠사빙하는 발티어로 차락차빙하(Tsarak Tsa Gl.)라고도 한다. 이 빙하와 타사빙하(Tasa Gl.)가 만나는 스팡세르(Spangser 4000미터)에서 점심을 먹었다. 그리고 얼마 뒤, 이번 여정을 통틀어 가장 멋진 꽃밭을 만났다. 황량함에 익숙한 현지 스태프들에게 꽃밭은 우리가 히말라야 설산에 품는 마음과 다르지 않아 보였다. 점잖은 후세인도, 조용한 유수프도, 명랑한 하미드도 이 자주색 꽃밭을 그냥 지나치지 못했다. 다 큰 아저씨들이 꽃밭에서 사진을 찍으며 어린아이들처럼 즐거워했다.

포터들은 지도와 일정표에 없는 안캄(Ankam 4025미터)이라는 곳에 멈췄다. 협소했던 스팡세르에 비해 훌륭한 곳이라 마음에 들었다. 압바스는 모래 바닥을 평평하게 나신 후에 텐트를 쳤다. 그렇게까지 하지 않아도 되는데 매번 고맙고 미안했다.

내내 흐렸던 하늘이 개면서 작은 호수 안에 주변 산의 전경이 그대로 비쳤다. 포터들은 나무를 구해다가 로티를 구웠다. 익숙한 솜씨로 반죽을 하고 기름을 두르지 않은 프라이팬에 가볍게 구워냈다. 잠깐 사이 로티가 두툼하게 부풀었다. 부푼 로티를 그대로 숯불에 올려놓으면 더 고소했다. 옆에서 구경하다가 금방 구운 로티 한 장을 얻어먹었다. 그동안 먹어왔던 납작한 차파티에 비해 풍부한 맛이었다. 한 포터는 주변에서 야생 파를 잔뜩 뽑아왔다. 집에 가져간다고 했다.

자주색 꽃밭에서 유수프와 후세인

나는 자리를 털고 일어나서 혼자 주변을 돌아보았다. 야영지 뒤로 뻗은 거대한 벽, 우리가 올라온 길 아래로 보이는 사이초, 베이스캠프 쪽으로 펼쳐진 뾰족한 산군, 구석구석 피어있는 어여쁜 야생화, 한가롭게 로티를 굽는 사람들. 마치 이 세상에서 우리만 평화를 누리는 듯, 동화 속한 장면처럼 느껴졌다. 해가 지자 하늘이 붉게 물들었다. 나는 길가에 서서 한참 동안 서쪽 하늘을 바라보았다. 세상만사 마음 먹기 나름이라는 것을 알면서도 그 마음 먹기가 어렵다. 이렇게 좋은 곳에 있으면서도 번잡한 것에 마음이 흔들리니 말이다.

아침에 텐트 밖을 내다보다가 부랴부랴 카메라를 들고 나갔다. 흙탕물이었던 호수가 거울처럼 맑게 변해 있었다. 악어 이빨 같은 산이 호수 안에 갇혀 꼼짝도 하지 않았다. 바람 한 섬 없이 고요한 아침이었다. 출발하자마자 만난 호수에서도 멋진 풍경의 반영을 만났다. 무심코 지나쳤으면 볼 수 없었을 장면이 몸을 낮추자 더욱 선명하게 다가왔다. 깨끗하고 황홀한 아침, 그 자리에 서서 그대로 돌덩이가 되어도 좋을 것만 같았다.

베이스캠프 가는 길이 산사태로 끊겨서 빙하까지 내려가야 했다. 일단 빙하로 들어서면 길은 없는 것이나 마찬가지였다. 조금만 딴 짓을 해도 앞사람의 옷자락을 놓치기 일쑤였다. 한동안 그런 길을 가다가 빙하 가장자리에 닿으면서 다시 길을 만났다. 놀랍게도 베이스캠프는 확 트인 모레인 잡석 지대에다가, 6000~7000미터급 봉우리들에 완전하게 둘러싸인 곳이었다. 그중에는 완벽한 피라미드 모양의 봉우리도 있었다. 외계인의 기지로 쓰인 게 아닐까 싶을 정도로 의미심장했다.

일기장과 카메라, 휴대폰을 들고 빙하의 둑까지 걸어갔다. 그리고 맨발로 바위 위에 앉아 먼 산을 바라보며 한참 동안 같은 노래를 반복해서 들었다. 이 자유가 편안하고 좋으면서도 괜히 울적한 마음이 들었다.

흔히 여행 좀 한다는 사람을 자유로운 영혼이라 부른다. 나도 그런 말을 심심찮게 들어왔고 의심하지 않았다. 하지만 이제는 의심한다. 나를 포함해서 내가 만난 어느 누구도 영혼이 자유롭지 못했다. 설사 자유의 옷을 입고 있다 한들, 몸이 자유로울 뿐 영혼엔 걸림이 많았다. 먹는 것도, 사람도, 좋고 싫음도, 모두 타인에게 의지하며 '취향'이란 이름으로 걸림을 합리화했다. 여행자란 신분의 욕망을 가득 채우고, 자유란 이름의 번지르르한 포장을 둘렀다.

"자신이 자유롭다고 착각하는 자보다 완벽하게 노예화된 자는 없다." 자유는 여러 욕망 중 하나일 뿐이라고. 뼈를 때리는 괴테의 말에 나는 나의 자유가 착각이었음을 깨달았다.

K6 · K7 베이스캠프

K6 · K7 베이스캠프에서 만난 야생화

아민브락 베이스캠프

후세의 밀밭 풍경

우리는 K6 · K7 베이스캠프에서 하루 만에 후세까지 가기로 했다. 한낮이 되자 길이 이글거렸다. 뜨거운 길을 체념한 듯 걸었다. 그 와중에 산 아랫마을의 버드나무는 유화 물감으로 톡톡 찍어 놓은 듯 싱그러웠다. 척박한 땅에서 기어코 나무를 키워낸 사람들. 이제 나무는 작은 숲을 이루어 적당한 그늘도 내주고, 나무 사이로 맑은 물도 흘려보냈다. 이렇게 자연은 무심한 듯 친절하다.

목적지인 후세에 도착했다. 밀밭이 노랗게 익어가고 있었다. 파키스탄 북부의 작은 마을은 누가 애써 꾸미지 않아도 그 자체로 소박한 평화를 느끼기에 충분한 공간들이었다. 히말라야의 설산을 보러 이곳에 왔지만,

집으로 돌아가는 포터들

이런 목가적인 풍경도 참 좋았다.

포터들은 후세에서 돌아갔다. 여러 날 같이 걸어도 헤어지는 건 금방이다. 그렇게 우리는 서로에게 머물던 풍경이 되었다가, 포터들은 집으로 우리 일행은 다른 풍경을 만나러 칸데로 향했다.

오후엔 하미드의 집에 초대받았다. 그는 삶은 계란, 과자, 콜라를 준비해두고 있었다. 재혼인 하미드는 나이에 비해 자식이 많았다. 이슬람 남자들은 결혼할 때 마흐르(Mahr)를 준비해야 한다. 마흐르는 남자가 여자에게 주는 결혼 지참금으로 여자 집안의 사회적 신분, 교육 수준에 따라 액수가 다르다. 미혼 남성이 혼자 준비하기엔 벅찬 액수라서 결혼하

익크발 사장의 고향 집

초대받은 하미드의 집

지 못하는 젊은 남자들이 꽤 된다고 한다. 지참금도 그렇고 총각과 이혼녀의 혼인이 보편적인 걸 보면, 이슬람 문화가 여성에게 반드시 불리한 것만은 아닌 것 같다.

아민브락 베이스캠프는 낭마밸리 트레킹으로도 불린다. 칸데와 가까워서 여행사가 추천한 곳이다. 8월 중순이 넘어가자 잘 익은 살구들이 바닥에 떨어졌다. 현지인들은 살구의 과육은 햇볕에 말리고 씨는 기름을 짜서 겨우내 양식으로 먹는다. 우리는 땀을 뻘뻘 흘리며 걷다가도 나무에 주렁주렁 매달린 살구를 보면 하나씩 따먹곤 했다. 많이 먹으면 배가 아파서 조심해야하는데 워낙 맛이 있다 보니 자꾸 손이 갔다. 현지인은 과육보다 씨를 즐겨 먹었다. 단단한 껍데기를 부수면 살구씨가 나왔다. B님이 아몬드라고 하는 농담을 철석같이 믿었을 정도로 비슷히게 생겼다.

트레킹은 시작부터 계곡 아래까지 내려갔다가 다시 올라가기를 반복했다. 2시간 반 만에 도착한 밍굴로브록(Mingulo Broq 3600미터)에는 버드나무 숲과 넓은 초지, 맑은 개울이 기다리고 있었다. 이곳 사람들이 엄지를 치켜세우며 추천한 이유가 있었다.

아스콜리에서 고용한 포터들은 여러 면에서 능숙했지만, 칸데에서 고용한 12명의 포터는 그렇지 않았다. 짐도 늦게 도착하고 텐트를 설치하는 데도 한참 걸렸다. 그만큼 포터의 활동 지역에 따라 경험 차이가 컸다.

방목된 소들이 텐트 주변을 느긋하게 돌아다녔다. 나는 걷다가도 동물

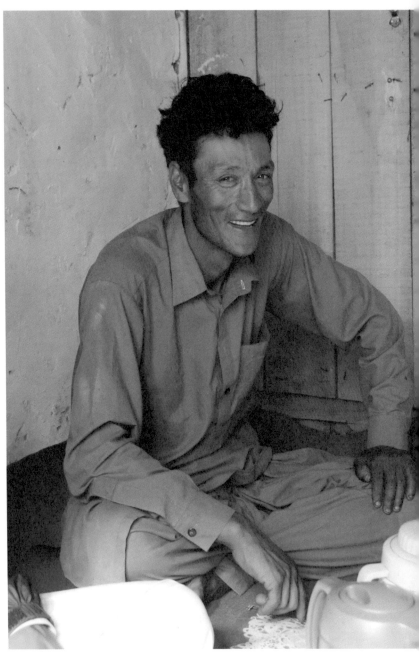

수줍은 하미드

을 만나면 종종 '안녕'하고 인사를 건넸다. 그때마다 나를 바라보는 초식 동물 특유의 멀뚱한 시선이 좋았다. 선한 눈망울을 보고 있으면 마음이 정화되는 기분이었다. 송아지 두 마리에게 나뭇가지를 꺾어주며 조심스럽게 접근했다. 녀석들은 피하지 않았다. 그중 한 마리의 턱을 천천히 쓰다듬었다.

저녁이 되자 비가 부슬부슬 내렸다. 지난번 K6 · K7 베이스캠프에 합류하지 않았던 4명이 내일도 비가 오면 가지 않겠다고 했다. 누군가는 텐트를 여기에 두고 올라갔다가 내려오면 안 되느냐고 묻기도 했다. 나는 계획대로 하고 싶었다. 새로운 장소에서 새로운 풍경을 보며 야영하는 게 좋았다. 올라갔다 멋진 야영지를 두고 하산해야 한다면 두고두고 후회할 것 같았다.

비는 새벽까지 이어졌다. 아침을 먹는 동안 서서히 날이 개는 데도 그들은 하산을 포기하지 않았다. 누군가의 선동이 있는 듯했지만, 나는 그들의 결정을 수용했다. 선택이 각자의 몫이듯 선택에 대한 결과도 마찬가지다. 스태프들은 올라가는 팀과 내려가는 팀의 짐을 분리하느라 어수선했다. 우리는 다시 둘로 나뉘었다. 이번에도 올라가는 사람은 나와 B님 둘뿐이었다.

길은 시작부터 매우 가파른 지그재그로 이어졌다. 뒤돌아보니 아래가 까마득했다. 하산하는 일행 중 한 명이 고개까지 올라와서 손을 흔들었다. 나는 그를 물끄러미 바라보기만 했다. 그는 누구보다 새로운 장소에 대한 욕망이 컸고 사진 찍는 걸 좋아했다. 계속 올라가고 싶은 눈치였지만 결국 내려갔다. 누구에게도 미움 받고 싶지 않았던 것 같다. 그가 용기를 내어 함께 했다면, 그랬다면 진지한 대화가 가능했을까? 내가 용기 내서 함께 하자고 했다면, 그간 오해를 털어내고 좋았던 감정을 되찾았을까? 그러나 그 기회는 끝내 오지 않았다.

혁혁대며 올라갈수록 놀라운 풍경이 펼쳐졌다. 아민브락 베이스캠프가 단연 압권이었다. 야영지 주변은 아름다운 암봉으로 가득했다. 유수프는 아민브락을 가리키며 정상까지는 사흘에서 닷새 정도 더 걸린다고 했다. 주변 암봉 중에는 한국인이 올라간 곳도 몇 군데 있었다.

넓은 초지로 이뤄진 야영지 옆으로 맑은 물이 흘렀다. 이렇게 멋진 곳이 숨어 있었다니. K6 · K7 베이스캠프와 함께 '비밀의 정원'이라 불릴 만했다. 굵직한 트레킹도 좋지만 이런 아기자기한 곳도 충분히 매력적이었다. 누구나 다 아는 유명한 곳 말고 이런 길만 찾아다녀도 좋을 것 같았다.

점심엔 B님이 야생 파로 파전을 만들어줘서 모처럼 포식했다. 저녁엔 마른 소똥을 태우며 오랜만에 별을 보았다. 이제 대장정은 끝났고 야영도 마지막이다. B님은 지난번에 이어 이번에도 조용해서 좋다며 그동안 시끄러워서 불편했노라 했다. 누군가의 목소리가 듣기 싫어서 말을 섞지 않은 지 꽤 되었다고. 농담을 곧잘 하고 허허 웃는 그도 미워하는 사람이

피하지 않던 순한 송아지

아민브락 베이스캠프

있었다니 의외였다.

타들어 가는 소똥이 내는 불빛과 하늘에 촘촘히 박힌 별을 바라보며, 누군가를 미워하는 감정을 품고 있던 게 나 혼자만이 아니라는 사실에 묘한 위안을 받았다. 그러나 이제 그조차도 끝났다. 언젠가는 나의 좋고 싫음이 적절히 중화되어 나와 다른 이들을 편안하게 바라볼 수 있기를 바랐다. 세상살이에 서툰 내가 그렇게 유연해지고 포용력이 커지기까지는 부닥치고 깨지는 시간이 필요할 것이다. 기꺼이 기다릴 마음이 있다. 과정 없이 얻어지는 건 없으니까.

야생 파로 만든 파전

칸데에 도착해 점심을 먹는 동안 B님이 일행들에게 농담을 했다. 내내 비를 맞는 바람에 위에서 아무것도 볼 수 없었다고. 그들은 믿는 눈치였고 나는 아무 말도 하지 않았다. 나중에 그의 말이 장난이었다는 것을 알게 된 한 일행이 몹시 불쾌해하며 화를 냈다. 그때 알았다. 어쩌면 그간 서로가 참아왔던 불만이 모두를 불편하게 했을지도 모른다고.

솔직하게 얘기하고 정중하게 양해를 구했다면 어땠을까. 나의 행동이 상대방을 불편하게 한다는 사실을 모른 채, 누군가도 나에게 불만이 있을 거라는 가능성을 망각한 채, 내 안의 생각으로만 가득 채운 시간을 보냈던 건 아닐까. 우리 모두 처음 사는 생이라 서툴렀던 건데, 서로가 서로에게 너무 많은 기대를 했던 건 아닐까.

이크발 사장이 스카루드에서 우리 일행을 위한 자리를 마련했다. 작은 파티라고 해서 케이크 정도 자르겠지 했는데 산(山) 모양의 케이크에 우리 모두의 이름이 적힌 현수막과 기념패, 기념품까지 준비돼 있었다. 이크발 사장은 파키스탄 여행사 중에서 60일 연속으로 트레킹을 함께한 팀은 우리가 처음이라고 했다. 그만큼 스태프들이 잘했고 비교적 순조로운 여행이었다. 그는 나에게 케이크를 자르라고 했지만 B님에게 양보했다. 나는 케이크를 자르고 싶었던 게 아니라 작은 인정이 필요했던 것이고 이제 그마저도 더는 중요하지 않았다.

함께 했던 스태프들과 저녁을 먹으며 모처럼 편안하고 즐거운 시간을

여행사에서 준비한 산 모양의 케이크, 두 산 사이의 움푹 들어간 부분이 곤도고로라를 상징함

보냈다. 나는 스태프들 누구에게도 연락처를 묻지 않았다. 길에서 만난 사람과는 뜨거운 감정보다 덤덤한 마음이고 싶다. 그곳에서 만난 소와 염소처럼 서로에게 풍경이 되었으면 한다. 편지 쓰기를 좋아하던 소녀는 어느덧 중년이 되었고, 중년의 나는 관계에 덜 연연한 사람이고 싶다.

'서로가 서로에게 진상이구나.'

여행이 끝나갈 무렵 여러 상황과 관계를 지켜보면서 문득 이런 생각이 들었다. 상대가 특별히 뭔가를 잘못해서가 아니라 그냥 내 마음에 들지 않아서, 내 취향과 달라서 진상으로 생각할 수도 있겠구나.

다름을 인정하는 법을 몰랐고 감정 표현도 서툴렀다. 불편함에 관해 이야기하기보다 불만을 억누르기만 했다. 억압된 것은 언젠가 폭발하기 마련이고 폭발은 기필코 후유증을 남긴다. 선의와 배려로 행힌 것들이 상대를 불편하게 할 수 있고, 무심한 행동이 의외의 배려가 될 수도 있었다. 절대적인 배려도 불편도 없다. 상황과 취향에 따라 달라질 뿐.

헤르만 헤세의 소설 『데미안』에 이런 구절이 있다.

"어떤사람을 미워하는 경우, 대게 그 형상속에서 우리 자신의 내부에 있는 무엇인가를 보고 미워한다네. 자신의 내부에 없는 것은 우리를 흥분시키지 못하니까"

– 헤르만 헤세, 『데미안』

트레킹이 끝날 때까지 가시지 않았던 '미움'이라는 감정에 관해 많은 생각을 했다. 왜 미워하는가, 끊임없이 되물었다.

내 안에 없는 것은 상대방에게서도 보이지 않는 것처럼 어쩌면 내가 미워하는 사람은 나와 같은 사람이 아니었을까. 나처럼 욕심이 많고, 나처럼 질투가 많아서, 그게 고스란히 보여서 미워했던 게 아닐까. 미워하는 사람이 나의 거울이 되어 그 안의 나를 미워했던 게 아닐까.

옳고 그름은 없었다. 서로에 대한 오해가 이해로 이어지지 못했고, 그렇게 이해하지 못한 각자의 입장만 남았을 뿐이었다.

60일은 긴 시간이다. 소소한 갈등으로 감정의 골은 깊게 파였지만 지나고 나면 찰나일 뿐인 시간이다. 함께 지나온 시간이 각자에게 다르게 기억될지라도 섭섭하고 미워했던 마음만은 먼지가 되었으면 하는 바람이다. 이곳에서의 여행이 즐거운 추억이 되고, 마음에는 아름다운 파키스탄과 그곳의 사람들만 남았으면 한다.

비록 우리의 시절 인연은 끝내 좋지만은 않았더라도, 먼 과거 어디선가 시작된 인연으로 지금 이 자리에 모였을지도 모른다. 만나야 할 이유가 분명했을 텐데도 서로가 서로를 알아보지 못하고 뒤엉킨 감정만 남긴 채, 이 생의 연을 다할지도 모른다. 훗날 다시 만난다면 서로에게 좀 더 가벼워질 수 있기를, 상처는 아물고 마음은 여물기를 바란다.

무엇보다 이 멋진 트레킹을 누구도 다치지 않고 무사히 끝낸 것이 정

말 기쁘다. 모두에게 소심한 고마움과 조금 더 친절하지 못했던 데 대한
미안함을 전한다.

Chapter 5

파미르 오아시스

심샬 파미르

페르시아어로 '높은 땅'을 뜻하는 파미르고원(Pamir Plateau)은 중앙아시아, 타지키스탄, 중국, 인도, 파키스탄, 아프가니스탄에 걸쳐 있으며, 히말라야, 카라코람, 힌두쿠시, 톈산, 쿤룬산맥으로 갈라진다. 그중 심샬 파미르는 카라코람산맥의 최북단이자 파미르고원 남쪽에 해당하는 고원 지대다. 파수(Passu)에서 북동쪽으로 55킬로미터 떨어져 있는 심샬(Shimshal 3000미터)은 험준한 협곡을 따라간다. 이 길은 1980년대까지 실크로드의 상인들이 소금과 차를 가지고 카시미르로 이동했던 길이기도 하다.

타지크어로 '아름다운 곳'이라는 뜻의 심샬은 파키스탄에서 가장 높은 곳에 있는 마을 중 하나다. 예전에는 훈자 왕국의 유배지였을 만큼 오지였지만, 1986년 외부에 개방되면서 많은 이들이 찾고 있다. 이슬람교도 중에서도 비교적 온건한 이스마일파가 살고 있다.

주민들은 약 400년 전 아프가니스탄과 중앙아시아에서 이주해온 와키족이다. 남자들은 주로 밀농사를 짓고 여자들은 5~9월까지 심샬 파미르에서 야크, 양, 염소와 함께 유목 생활을 한다. 이후 영하 30도까지 내려가는 겨울이 약 7개월간 이어지며, 이때는 주식인 감자와 차파티를 먹으며 보낸다.

심샬 파미르는 전 일정 야영으로 진행한다. 일주일 정도 소요되며 부침이 심한 편이다. 이틀 동안 거칠고 황량한 길을 지나고 난 뒤에야 비로소 아름답고 푸른 파미르고원이 나타난다. 야생화 군락과 끝도 없이 펼쳐지는 초원, 주변의 설산을 모두 담고 있는 2개의 호수는 심샬 파미르의 황홀감을 절정에 이르게 한다. 주변에서 방목하는 수백 마리의 야크와 염소 무리도 장관이다. 트레킹은 보통 원점 회귀 방식으로 진행되나, 심샬패스를 지나 카라코람 국립공원 쪽으로 내려갈 수도 있다.

심샬 파미르 진행경로(12스테이지)

심샬 — 워치푸르진 — 푸리엔에사르 — 아르밥푸리엔

심샬패스
(원점 회귀) — 심샬호수 — 쉬제랍

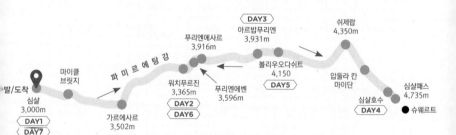

출발/도착
심샬
3,000m
DAY1
DAY7

마이클
브릿지

파미르에탕강

가르에사르
3,502m

푸리엔에사르
3,916m

워치푸르진
3,365m
DAY2
DAY6

푸리엔에벤
3,596m

아르밥푸리엔
3,931m
DAY3

볼리우오다쉬트
4,150
DAY5

쉬제랍
4,350m

압둘라 칸
마이단

심샬호수
4,735m
DAY4

심샬패스
4,735m

● 슈웨르트

태초의 땅으로

여행을 마치고 돌아갈 때, 여행자는 다시 오겠다는 '빈 약속'을 하곤 한다. 약속하는 사람도 약속을 받는 사람도 부질없음을 알지만 허공의 약속을 되새김질한다. 나는 약속을 지키고 싶었다. 다시 오겠다고 약속한 곳은 히말라야뿐이었고, 1년 뒤 다시 파키스탄으로 향했다.

이번 여행은 이전에 같이 했던 B님을 포함해 무려 9명이 함께 하는 여정이었다. 나는 이번에도 지난번과 동일한 방식으로 사람들을 모집했다. 다른 여행자들과 마찬가지로 경비를 똑같이 부담했지만, 작년에 억울했던 기억이 있어서 준비하는 수고비로 1인당 10만 원을 받았다. 주변의 조언도 있었다.

이번에는 한식 재료를 챙기지 않아서 전보다 짐이 줄었다. 여유가 생기자 몇몇 일행이 술을 챙기려고 했다. 술을 금하는 파키스탄에 술이라니 불안했다. 파키스탄 현지에 있는 한국인(복마니 님)에게 확인해보니 보니 생각보다 더 심각했다. 일단 술 때문에 입국이 거부되거나 짐을 뒤져서 꼬투리가 잡히면 문제가 될 수 있고, 둘째, 우리가 예약한 중국 여객기는 중국인들의 술 반입이 문제가 되곤 하는데, 잡히면 술을 빼앗기는 것은 기본이고 돈을 뜯길 수도 있었다. 셋째, 현지인들이 보는 앞에서 술을 마시거나 취한 모습을 보이면, 무례한 외국인 또는 마약에 취한 외국인으로 몰려 상상하는 것보다 더 큰 어려움에 부닥칠 수 있다. 나는 일행들과 관련 내용을 공유했다. 다행히 이와 관련해 아무런 문제도 생

길기트 공항에 우리를 마중 나온 차량

기지 않았다.

　길기트(Gilgit)의 작은 공항에는 함께 할 스태프 모두가 나와 있었다. 작년에 함께했던 요리사 유수프와 주방보조 만주르가 보여 손을 흔들었다. 그 사이 하미드는 중국 식당에 취직해서 얼굴을 볼 수 없었다. 주방보조 3명 중 나머지 2명은 아시프와 샤민, 가이드는 이브라힘이라고 했다.

　나는 이번에도 일행 중 가장 어렸다. 많게는 서른 살 가까이 차이가 났다. 일행들은 모두 여행 경험이 풍부해 보였다. 다들 입담이 얼마나 좋은지 나는 농담과 진담 사이에서 반쯤은 진짜냐고 반문하는 일이 잦았다.

훈자 맞은편 언덕에서

그들은 얼굴 하나 변하지 않고 진담 같은 농담을 쏟아냈다. 아재개그에 가끔은 웃어야 할지 말지 난감할 때도 있었다. 어쨌든 시작은 유쾌했다.

날씨가 좋지 않으면 이틀 동안 꼬박 차를 타고 이동해야 한다. 마침 국내선을 이용하면서 훈자에서 머물 기회가 생겼다.

쉬는 날 아침, 운동 삼아 훈자 맞은편 언덕에 다녀오기로 했다. 하필 근처에 파키스탄 대통령이 방문 중이어서 한동안 공터에서 기다려야 했다. 그 와중에 P님은 등산화 밑창이 떨어져서 훈자로 돌아갔다('등산화 밑창 사건'의 시작이었다). 우리는 점심 도시락까지 까먹은 다음에야 언덕에 오를 수 있었다. 예상대로 훈자가 한눈에 보였다. 살구꽃 피는 계절이나 노랗게 단풍이 들면 더 근사할 듯했다.

낯선 이들이 모인 만큼 서로 룸메이트를 바꿔가며 방을 썼다. 한 공간을 특정인과 오래 공유할 경우 불편한 사람은 계속 불편하게 될 소지가 있기 때문이다. 그런 면에서 나는 소규모라 해도 그룹을 팀에 합류시키기가 조심스러웠다. 예를 들어 부부나 연인, 특정 모임의 멤버가 합류하면 여행을 진행하는 입장에서는 좀 어려운 면이 있었다. 그들간의 관계가 팀에 영향을 미치고, 때로는 다수의 편이 되어 일정 전체를 흔들 수도 있어서다. 그런데 전체 9명 중 절반에 가까운 4명이 같은 모임 사람들이었다. 그래도 그중 한 명이 알고 지내던 사이라 그를 믿고 합류시켰다.

훈자에서 파수 가는 길은 그 자체로 경이로웠다. 도로를 따라 줄지어

카라코람 하이웨이, 파수 가는 길

서 있는 미루나무와 그 뒤로 웅장하게 서 있는 바위산이 내내 눈길을 사
로잡았다. 카라코람산맥은 파수에서 파미르고원에 들어서면서부터 부드
러워지는데, '악마의 산'이라 불리는 투포단(Tupopdan 6106미터)이 마
지막 정점이다. 파수를 상징하는 투포단은 마치 불꽃이 타오르는 것 같
아서 멀리서도 존재감이 확실했다. 누구라도 차를 멈출 수밖에 없는 풍
경이었다.

　파수를 지나자 길은 오른쪽 심샬계곡으로 꺾어졌다. 기괴할 정도로 깊
은 협곡이었다. 꼭대기가 보이지 않는 시커먼 바위산 아래로 검은 물이
위협적으로 흘렀다. 이런 길을 따라 실크로드 상인들이 다녔다니 놀라

험준한 심살계곡

울 뿐이다.

협곡을 벗어나자마자 타이어가 펑크 났다. 다들 걱정은커녕 태평했다. 오히려 운전기사가 타이어를 교체하는 동안 바깥 구경을 할 수 있어서 좋았다. 그렇게 5시간 동안 달린 길은 황량하다 못해 아찔했다. 벼랑길을 뒤뚱거리며 달리는 차가 불쌍할 지경이었다.

청록색 밀밭 사이로 노란 유채꽃이 섞인 마을을 본 순간 마음이 바빠진 건 나만이 아니었다. 늦은 점심을 먹자마자 다들 서둘러 밖으로 나갔다. 마을 어디도 그림이 아닌 곳이 없었다. 동화 속에 있는 마을이 실재한다면 아마 심살이 아닐까? 나는 일행 몇 명과 언덕까지 올라갔다. 마

아름다운 심샬의 풍경

을 전체가 시원하게 내려다보이는 곳이었다. 며칠이고 머물면서 마실을 다녀도 좋을 것 같았다.

히말라야 트레킹에서 힘든 것 중 하나가 음식이다. 연령이 높을수록 입맛에 맞지 않는 현지 음식을 힘들어했다. 그런데 이번 팀은 달라도 너무 달랐다. 적응력도 경험에 비례하는 것인지 식사에 대해 아무도 이러쿵저러쿵하지 않았다. 다들 요리사가 주는 대로 잘 먹는 것은 물론 남기지도 않았다. 고산 적응도 무난해서 탈이 난 사람이 없었다. 여전히 농담이 난무했지만 이제는 누구도 농담과 진담 사이를 헤매지 않았다. 점잖던 분도 농담에 합류했고, 아재개그는 허풍개그로 진화를 거듭했다.

트레킹을 시작하는 날에는 참여하는 모두에게 잔칫날 같은 들뜸이 있

펑크 난 타이어를 교체하는 기사

다. 이제 막 여행을 시작하는 여행자들의 설렘, 새로운 여행자를 만난 현지인들의 호기심. 그리고 수입에 대한 기대 때문일 것이다. 우리는 노새 포함 총 35인분의 포터와 1명의 현지 가이드를 고용했다.

심샬을 벗어나자마자 나타난 다리는 앞으로 우리가 가야 할 여정을 예상케 했다. 나무판자를 엮어 만든 다리는 양 옆이 시원하게 뚫려 있었다. 한 발이라도 삐끗해서 난간을 놓치면 회색 강물에 그대로 빠질 판이었다. 다리는 동시에 건너는 사람들의 움직임을 따라 흔들거렸다. 중심을 잡기가 어려웠다. 다리가 갸우뚱할 때마다 덩달아 내 몸도 갸우뚱했다. 이런 다리는 오로지 앞만 보고 빨리 건너는 게 최선이다.

이번에는 일행과 속도를 맞춰 걷자, 했는데 자연스레 저마다의 속도대로 나뉘었다. 걷는 속도와 체력이 다른 이들이 함께 걷는 것은 사실 어려운 일이었다. 속도가 떨어진 두 사람은 끝날 때까지 후미를 지켰고, 다른 사람들은 앞서거니 뒤서거니 하면서 걸었다. 70대인 P님은 내내 선두를 유지했다. 운동으로 단련된 그는 걸음이 빠르고 목소리가 또렷했다. 60대 초반인 N님은 날씬한 몸매에 날다람쥐처럼 가볍고 빨랐다. 그녀는 이 여행을 위해 매일 아파트 15층까지 10번을 오르내리고 스포츠 클라이밍을 하며 근육을 단련시켰다고 했다.

한여름 땡볕은 너무나 뜨거웠다. 우리는 금세 지쳤다. 점심 장소에 도착해서도 주방 장비가 도착하기까지 한참을 기다렸다. 트레킹 첫날은 짐

언덕에서 내려다 본 심샬

흔들거리는 다리를 건너는 일행들

을 분배하는 시간이 오래 걸리니까 으레 그러려니 한다. 점심으로 준비된 라면은 배식에 실패. 마지막 사람에게 돌아간 양이 적었다. 9명이나 되다 보니 뭘 해도 양이 많고 시간이 오래 걸렸다.

가르에사르(Gar-e-Sar 3502미터)는 점심을 먹은 움막에서 빤히 보이는 언덕이었다. 올라가는 내내 다리가 어찌나 묵직하던지 자주 걸음을 멈췄다. 언덕에 올라서자 왼쪽으로 히스파르 무즈탁(Hispar Muztahg 7885미터)과 야즈길빙하(Yazghil Gl.)가 들어왔다. 마을 가까이 있는 빙하라니. 하늘 아래 첫 동네다웠다.

언덕까지만 올라가면 괜찮겠지 싶었는데, 오르막과 내리막이 계속해서 반복됐다. 우리는 왼쪽이 뻥 뚫린 절벽 길을 걸었다. 언제쯤 야영지에 도착할지 알 수 없었다. 첫날부터 비탈길이 상당해서 다리가 점점 무거워졌다.

K님이 중얼거리듯 말했다. "어머니는 하루에 1시간 이상 걷지 말라고 하셨어." god 의 노래 중 '어머니는 짜장면이 싫다고 하셨어'를 흉내 낸 라임에 웃음이 터졌다. K님은 평소 조용하다가도 한 번씩 즐거운 농담을 날렸다. 나는 그의 농담을 수첩에 적어 놓을 정도로 좋아했다. 말과 행동이 가볍지 않으면서도 위트가 있는 분이었다. K님은 인색하지 않았다. 한참이나 어린 나를 존중해주었다. 선택의 기로에 설 때마다 내가 잘 결정할 수 있도록 힘을 실어 주고 따라주었다. 진정한 '어른'이었다. 신뢰

하는 L님이 입이 마르도록 칭찬한 이유가 있었다.

앞서 걷는 P님의 등산화가 아무래도 이상했다. 한쪽 등산화 밑창이 떨어져서 덜렁거렸다. 심상치 않았다. 훈자에서 밑창 떨어진 등산화를 버리고 다시 산 중고 등산화였다. 150달러쯤 돼 보이는 등산화가 고작 20달러라며 무시당한 것 같다는 농담까지 했는데, 그 중고 등산화가 트레킹 첫날 한계를 드러낸 것이다. P님은 다른 일행에게 폐를 끼칠 수 없다며 내려가겠다고 했다. 하지만 당장 하산하기에는 여러 문제가 있었다. 그의 짐이 어느 노새에게 실려 있는지 정확하지 않았고, 같이 하산할 스태프를 정하는 문제도 그랬다. 일단 야영지까지 가서 해결 방법을 찾아보고 정 안되면 다음 날 아침 하산하기로 했다.

저녁 5시가 되어서야 워치푸르진(Wuch Furzeen 3365미터)에 도착했다. 협곡 안쪽인데도 맑은 물이 흐르고 자리가 좋았다. 스태프들은 식당 텐트 안쪽에 태양광 전지를 이용한 전등을 매달고 조화까지 구해다가 장식을 했다. 한 장씩 지급되었던 매트리스가 이번에는 두 장 나왔다. 개인적으로 준비한 에어 매트리스가 필요 없게 됐다.

유수프는 작년에 함께 했던 나와 B님에게 '특별한 손님'이라며 새 텐트를 챙겨줬다. 조용한 배려임을 알기에 더 고마웠다. P님의 등산화 문제는 의외로 깔끔하게 해결됐다. L님이 챙겨온 예비 등산화를 빌려주기로 한 것이다.

아찔한 절벽 길

아침에 일어나니 온몸이 뻐근했다. 전엔 6개월씩 산을 쉬었다가 돌아와도 괜찮았는데 마흔이 넘으니 예전 같지 않았다. 먼저 살아온 이들에게 수도 없이 듣던 말인데 이제 내가 이런 말을 할 나이가 되었다.

우리는 어제보다 더 까마득한 절벽 길을 걸었다. 양쪽으로 깎아지른 협곡이 평탄할 리 없었다. 어디를 둘러봐도 절벽뿐인 곳에 길을 내고 심지어 야크와 양 떼를 몰고 지난다는 게 상상이 가지 않았다. 한참 올라갔다가 다시 한참을 내려갔다. 파미르에탕(Parmir-e-Tang)강을 건너는 다리도 심샬에서 만났던 것과 다를 바 없었다. 그런데도 노새들은 무심하고 태연하게 다리를 건넜다. 걷다가 문득 정신을 차리고 주변을 올려다보니 검고 붉은 바위가 계곡 전체를 에워싸고 있었다. 협곡의 깊이만큼 적막도 깊은 곳. 태초의 지구가 이런 모습이었을 것만 같았다.

영원히 올라가기만 할 것 같은 길의 끝. 푸리엔에사르(Purien-e-Sar 3916미터)에는 작은 문이 하나 있었다. 가축을 통제하는 문이란다. 이곳에서 세상은 문 아래와 문 위로 나뉘었다. 지금까지가 깊은 협곡이었다면 앞으로는 완만한 사면을 따라가며 초지를 만난다는 뜻이다.

완만한 길이 이어지면서 키 작은 초목과 함께 산의 빛깔도 달라졌다. 핏물이 스민 것 같은 산 세크리는 '붉다'는 뜻의 와키어. 고산 지역에는 유독 색과 관련된 지명이 많은 것 같다.

나는 야영지에 도착할 때마다 기분 좋은 안도감을 느꼈다. 그날 하루치 일을 마친 것 같은 기분이 좋고 정비의 시간을 갖는 것도 좋았다. 아르밥푸리엔(Arbab Purien 3931미터)은 널찍하게 정리된 야영지였다. 옆에 맑은 계곡이 흘러서 빨래도 가능했다. 한차례 돌풍이 불어오자 텐트 옆에 널어둔 빨래는 금세 흙투성이가 되었다. 텐트 안과 침낭에도 먼지가 뽀얗게 앉았다. 식당 텐트가 날아가서 스태프들이 부랴부랴 텐트를 접기도 했다. 결국 우리는 목동의 어둡고 좁은 오두막에서 저녁을 먹었다. 9명이 둘러앉기에는 불편했지만 여행에서는 그마저도 즐거운 경험이었다.

붉은 산 세크리

파미르 오아시스

쉬제랍의 오두막

한동안 완만한 계곡 길이 이어지다가 목동들의 오두막을 만났다. '검은 계곡'이라는 뜻의 쉬제랍(Shujerab 4350미터)이다. 쉬제랍은 카라코람 과 파미르의 경계다. 봄이면 심샬 사람들이 유목을 시작하는 곳이다. 여름에는 심샬패스(Shimshal Pass 4735미터) 너머, 제2의 심샬이라 불리는 슈웨르트(Shuwerth)에서 가축을 방목하며 보낸다. 그리고 가을에는 다시 이곳으로 내려와 유목을 마무리하고 마을로 돌아간다.

우리는 쉬제랍에서 오른쪽 언덕 압둘라 칸 마이단(Abdulla Khan Maidan)으로 올라섰다. 그저 언덕 하나 올라왔을 뿐인데 분위기가 확연히 달라졌다. 파미르가 시작된 것이다. 드넓게 펼쳐진 푸른 초원과 파란 하늘, 둥실둥실 떠다니는 조각구름, 노랗게 뒤덮인 야생화, 점점이 찍혀 있는 야크 무리. 그 험하고 검붉은 바위길 위에 이런 곳이 펼쳐져 있으리라고는 전혀 상상하지 못했다. 우리는 꽃밭 앞에 아예 자리를 깔고 앉았다. B님이 마른 오징어를 꺼냈다. 우리는 다같이 오징어를 잘근잘근 씹으며 세상 부러운 것 없는 사람처럼 한동안 꽃밭에 머물렀다.

포터들은 호수 앞에 짐을 내려놓고 모두 심샬패스 쪽으로 올라갔다. 그들은 슈웨르트의 오두막에서 잔다고 했다. 나는 근처 언덕으로 가려다가 호수 쪽으로 걸음을 옮겼다. 아스라이 보이는 풍경 너머 무언가 만날 것 같은 확신이 들었다.

첫 번째 호수를 지나고 두 번째 호수를 만나면서 나의 확신은 현실이 되었다. 고요한 호수 속에 산의 모습이 또렷하게 반영되어 있었다. 맞은편에서는 집으로 돌아가는 야크 무리가 바삐 움직이고 있었다. 5~9월까지 이곳에서 방목되는 야크만 무려 천 마리가 넘는다고 한다. 심샬 사람들에게 이곳이 얼마나 중요한지 느껴졌다.

심샬호수는 파미르고원의 남동쪽의 끝이자 남아시아와 중앙아시아의 경계에 있다. 여기서 심샬패스를 넘어 남쪽으로 가면 비아포빙하와 카라코람산맥을 만난다. 경로에 따라 조만간 우리가 가게 될 라톡 베이스캠프를 만날 수도 있다.

파미르의 푸른 초원과 노란 야생화

아침에 일행과 다시 찾은 심샬호수는 상쾌한 아름다움으로 가득했다. 나는 호수 가장자리를 따라 걸었다. 호수 안에 둥둥 떠 있는 설산을 바라보며 내가 지금 여기 존재한다는 사실이 무척 마음에 들었다. 이틀간의 삭막한 길은 괴로웠는데 이 호수를 보기 위해서라면 한 번 더 올 수도 있을 것 같았다. 7월 말이나 8월 초에 오면 얼음이 다 녹고 야생화는 지천이리라. 하루 정도 휴식하며 주변을 돌아보면 더 좋을 것 같았다. 다시 심샬 파미르에 가겠다고 하면 P님은 분명 이렇게 말씀하실 테지만 말이다. "취했어?"

쉬제랍에서 점심을 먹는데 유창한 한국어 소리가 들렸다. 압두후. 파키스탄 남자였다. 압두후는 2004년 낭가파르바트 마제노패스 트레킹 때 한국여자를 만나 결혼해서 지금은 서울에 산다. 파키스탄 사람들과 같이 온 그는 심샬패스를 넘어 카라코람 쪽으로 간다고 했다. 압두후는 파키스탄에서 트레킹으로 갈 수 있는 곳은 다 가본 듯했다. 현재는 한국 여행사의 현지 가이드로 활동하며 파키스탄 곳곳을 답사 중이란다.

이틀에 걸쳐 내려가는 길은 올라갈 때와 별 차이가 없었다. 하산하는 내내 힘들다는 생각으로 가득했다. 평소 꾸준히 운동을 하지 않으면 아무리 20~30년 젊다고 해도 소용없었다. 나는 내 나이가 60살이 넘으면 고산 트레킹은 할 수 없을 거라고 미리 선을 그어 두었다. 그런데 9명 중 7명이 60~70대였다. 그들 모두 잘 걷거나 꾸준히 걸을 수 있는 체력을 유

심샬호수의 반영

심샬패스를 내려가는 포터들

하산하는 일행들

지하고 있었다. 나는 과연 그 나이에 그들처럼 걸을 수 있을까. 자신할 수 없지만, 내가 걱정했던 늙음이 생각보다 희망적이어서 위안이 되었다.

N님과 함께 가장 먼저 심샬에 도착했다. 비록 찬물이지만 화장실에서 씻고 나니 개운했다(고산 적응이 되지 않았다면 절대 씻어서는 안 된다). 사실 고산 트레킹에서 씻는 건 흔한 일이 아니다. 보통은 며칠 동안 씻지 못하는 불편함을 감수해야 한다. 야영할 때는 화장실이 없거나, 있다고 해도 문이 없거나, 성별 구분 없이 수많은 이들과 함께 써야 하는 일도 흔하다. 본의 아니게 다른 이가 용변 보는 모습을 보거나, 다른 이의 용변을 볼 때도 있다. 그러니 히말라야에 갈 때는 불편함을 감수하는 마

심샬을 바라보고 있는 현지 가이드

음도 기꺼이 챙겨야 한다.

우리는 콜라를 마시며 수다를 떨다가 차례대로 옷을 빨았다. 정원은 곧 9명이 널어놓은 빨래들로 알록달록해졌다. 일행들은 고수답게 빨랫줄 하나도 허투루 준비하지 않았다. P님은 L님이 빌려준 등산화로 무사히 트레킹을 마쳤지만, 공교롭게도 이번에는 L님의 등산화 밑창이 떨어졌다. 밑창이 떨어진 등산화만 벌써 세 번째다. 하지만 곧 큰 도시를 만날 거라 크게 걱정하지는 않았다.

여름철마다 물이 넘쳐서 심샬계곡의 길이 끊기곤 한다. 우리가 나가는 날도 그랬다. 차 한 대가 뒷바퀴까지 빠져서 꼼짝도 못했다. 스태프들이

빨래로 가득한 정원

물을 건너는 자동차

우리 차에 밧줄을 연결해서 그 차를 끌어냈다. 차가 빠져나오자 사람들은 차가 빠졌던 곳부터 돌로 메꾸었다. 구출된 차는 아무 일 없었다는 듯 가던 길을 계속 갔다. 우리 차 2대도 무사히 물길을 건넌 뒤 뽀얀 먼지를 일으키며 파수로 향했다. 차 안에는 운전기사의 진한 땀 냄새가 진동하고 시끄러운 음악 소리가 정신을 흔들어 놓았지만, 창밖 풍경은 마음을 홀릴 만큼 황홀했다.

다시 도착한 파수에서 약간의 관광 일정을 가졌다. 먼저 보리트호수(Borith Lake)를 보러 갔다. 일행 중 몇은 호수에 뛰어들어 수영을 즐겼고 나머지는 보트를 탔다. 서스펜션 브릿지(Suspension Bridge)로 가는 길에 체리 5.5킬로그램을 샀다. B님이 능숙하게 가격 협상을 해서 좋은 가격에 살 수 있었다. 호텔로 돌아온 우리는 정원에 앉아 체리부터 먹었다. 아홉 명이 먹기에도 많은 양이었지만 하나도 남기지 않았다. 그런데 이게 문제였다. 저녁때가 되자 한 명씩 화장실로 사라지기 시작했다. 급기야 몇몇은 밤새 설사를 했다.

B님은 '백프로덕션'이라는 이름을 내걸고 특별 상영관을 마련했다. 휴대폰으로 영화를 상영했는데 제법 인기가 있었다. 더 나아가 B님은 어르신들을 위한 지도 앱 '맵스미' 사용법 설명회도 가졌다. 60대인 그는 휴대폰을 잘 다루고 손재주가 좋아서 일행들에게 '백가이버'로 통했다. 나는 이날 공통비 일부를 정산했다. 곧 만날 도시에서의 소비를 장려하기

보리트호수

위해 1인당 2만 루피씩 돌려줬다. 예상보다 포터를 적게 고용해 공통비가 많이 남았다.

일정에 여유가 있어 쿤제랍패스(Khunjerab Pass 4733미터)에도 가 보기로 했다. 버스는 파키스탄과 중국의 합작 도로인 카라코람 하이웨이 (KKH)를 달렸다. 이 하늘길은 파키스탄 이슬라마바드에서 중국령 신장자치구 카시가르(Kashgar)까지 약 1200킬로미터에 달했다. 현재 국가를 연결하는 도로 중 세계에서 가장 높은 곳에 있는 것으로, 3000~5000미터에 이르는 길을 오르내려야 한다(눈 때문에 차량 통행은 5월에서 10월까지만 가능하다). 카라코람 하이웨이는 1959년부터 1978년까지 공사기간만 20년이 걸렸다. 2만 4천여 명이 동원되고 900여 명이 목숨을 잃었다.

아침부터 흐리던 날씨는 쿤제랍패스에 도착하자 눈으로 바뀌었다. 날씨 때문에 쿤제랍패스가 어떤 풍경인지 알 수 없어서 아쉬웠다. 이 고개는 '피(Khun)의 계곡'으로도 불린다. 과거 각 부족과 왕족들 간의 치열한 전투에서 비롯된 이름이라고 한다. 실크로드 상인들이 지나가다가 산적들에게 죽임을 당해 피로 물든 곳이었다는 말도 있다.

쿤제랍패스는 우리나라와도 인연이 있다. 당나라 현장 법사와 신라 혜초 스님이 이곳에서 죽은 사람의 뼈를 이정표 삼아 넘었고, 고구려 유민으로 당나라의 장군이 된 고선지 장군도 이 길을 통해 중국 서역 정벌을 완성했다.

눈이 내렸지만 우리는 재킷 하나만 걸치고 파키스탄과 중국 국경까지 갔다. 세계에서 가장 높은 국경 검문소인 쿤제랍패스에서는 생각보다 자유롭게 사진을 찍을 수 있었다. 파키스탄 사람들은 우리에게 수시로 사진을 함께 찍자며 요청했고 그때마다 흔쾌히 응했다. 우리가 외국인이라서 그런 건지, 동양인이라서인지. 하여간 어디를 가나 파키스탄 사람들은 우리와 사진을 찍고 싶어 했다.

길기트에서 스카루드 가는 길도 험하기는 마찬가지였다. 처음부터 끝까지 도로 공사 중이어서 가다가 멈추기를 반복했다. 중장비로 공사를 시작하면 양방향 모두 꼼짝없이 기다려야만 했다. 공사 중인 곳 주변은 산사태 수준의 먼지가 피어올랐다. 기다리다 만난 차량 중에는 멋지게 치장한 트럭들도 있었다. 1950년대, 6개월이 넘는 기간 동안 집을 떠나 있어야 했던 운전자들이 고향을 그리워하며 꾸미기 시작했다고 한다. 느릿느릿 가던 버스는 어둠이 내려앉을 때까지 목적지에 도착하지 않았다. 급기야 다 와서 모래에 빠지는 바람에 한바탕 소란이 벌어졌다. 결국 200킬로미터 정도의 거리를 15시간 만에 도착했다.

쿤제랍패스 국경

멋지게 치장한 트럭

Chapter 6

위대한 풍경

스판틱 베이스캠프

골든 피크(Golden Paek)로도 불리는 스판틱(Spantik 7027미터)은 훈자와 발티스탄 경계에 있는 산이다. 스판틱 베이스캠프(Spantik BC 4310미터) 트레킹의 시작점인 아란두(Arandu 2770미터)까지 차량으로 이동할 수 있으나, 여름철 시가르(Shigar) 강이 불어날 때는 어려울 수 있어 확인이 필요하다. 포장도로와 비포장도로가 섞여 있고 여러 마을을 지난다. 산악 지역이라 아슬아슬한 절벽길을 지나기도 하지만 창밖으로 펼쳐지는 풍경에 마음이 들뜬다. 바샤(Basha) 강 끝에 있는 아란두는 몇 가구가 옹기종기 모여 있는 작은 마을이다. 이곳만 다녀가도 좋을 만큼 눈부신 하늘과 설산, 밀밭이 아름다운 곳이다. 마을에는 숙소가 없다. 여행자들은 마을에서 약 40분 떨어진 야영장을 이용해야 한다. 시설은 비교적 좋은 편이다.

트레킹은 전 일정 야영으로 진행한다. 길은 초고룽마빙하(Chogo Lungma Gl.)를 왼쪽에 두고 올라간다. 여름철에는 야생 장미를 비롯한 온갖 야생화를 볼 수 있고, 그 뒤쪽으로 펼쳐진 활주로 같은 빙하와 거대한 산군의 전경은 비현실적이기까지 하다. 길은 대체로 뚜렷한 편이다. 하지만 가파른 산비탈을 내려가거나 초고룽마빙하 안으로 들어설 때는 주의가 필요하다.

이 트레킹의 압권은 스판틱 베이스캠프에서 바라본 초고룽마빙하다. 4000미터 초반의 높이지만 이곳 풍광이 주는 감동은 5000미터의 전경을 뛰어넘는다. 살아있는 빙하를 제대로 만날 수 있는 곳이다. 연계할 수 있는 트레킹으로는 하라모시라(Haramosh La 5100미터)가 있으며 좀 더 위험해 난이도가 높다.

스판틱 베이스캠프 진행경로(16스테이지)

아란두   초고브랑사   볼로초   스판틱 베이스캠프
(원점 회귀)

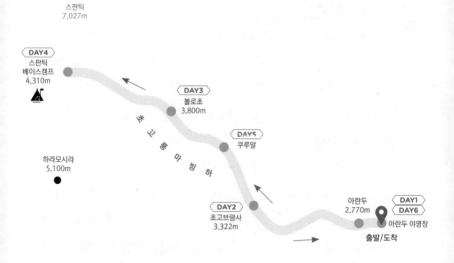

▲
스판틱
7,027m

DAY4
스판틱
베이스캠프
4,310m

DAY3
볼로초
3,800m

DAY5
쿠루말

하라모시라
5,100m

DAY2
초고브랑사
3,322m

아란두
2,770m

DAY1
DAY6
아란두 야영장
출발/도착

다시, 등산화 밑창 사건

스카루드에서 쉬는 동안, 같은 모임에서 함께 온 4명의 일행이 자기들끼리만 다녔다. 그들끼리 쇼핑하고, 파키스탄 복장을 맞추고, 같은 차를 타고 이동했다. 여행에서 친한 사람들끼리 붙어 다니는 게 이상할 건 없지만 뭔가 불편했다. 일부는 은근히 섭섭해 했다.

아란두로 향하며 우리는 특별한 곳에 초대받았다. 티싸르(Tissar)를 지나 어느 마을 앞에 섰다. 기다리고 있던 만주르가 쑥스러워하며 집으로 안내했다. 그의 집은 풍성한 살구나무 숲과 밀밭을 지나 조금 더 위쪽에 자리 잡고 있었다. 집 앞에는 기다란 미루나무가 장승처럼 서 있었다. 바람이 불 때마다 이파리가 반짝였다. 3대에 걸쳐 12명의 가족이 사는 만주르네 집은 단정하고 깨끗했다. 만주르가 일을 깔끔하게 잘하는 이유가 단박에 이해가 되었다.

파키스탄에서는 손님이 오면 남자들이 음식을 나른다더니. 우리가 방에 둘러앉자 그의 형제들이 음식을 날랐다. 뭐든 잘 먹는 우리는 현지인들이 내놓은 음식 앞에서도 주저하지 않았다. 그들이 준비할 수 있는 최고의 음식이기에 더 그랬다. 후식으로 나온 오디는 달콤했고 살구는 새콤하면서 아삭했다.

극진한 대접에 감동한 우리는 뭐라도 고맙다는 표현을 하고 싶었다. 나는 일행들에게 동의를 구한 뒤 N님과 함께 만주르의 아내를 찾아갔다. 여자인 우리는 집안 여자들이 모여 있는 부엌에 들어갈 수 있었다. 나는

만주르와 그의 딸

정성껏 차려진 음식

어리둥절한 얼굴인 만주르 아내의 손을 잡고 얼마의 돈을 쥐어 주었다. 그리고 조용히 고맙다는 말을 전했다. 고마움을 이런 식으로 표현해도 되는 건지, 혹시 그들 정서에 반하는 건 아닌지 우려도 되었지만 우리네 정서가 그랬다(나중에 현지 한국인에게 확인해 보니 그 정도는 예의상으로 괜찮다고 한다). 우리가 살구를 잘 먹는 것을 보고 돌아갈 때 비닐봉지에 한가득 담아주었다. 파키스탄을 여행하며 종종 살구를 먹었지만 만주르네 살구만큼 맛있는 곳은 없었다.

만주르네 집을 지나자 길은 비포장으로 바뀌었다. 공사 중인 것으로 봐서 몇 년 안에 모두 포장이 될 듯했다. 걷고 싶을 만큼 길가 풍경이 멋졌다.

아란두 입구에 들어서자 반가운 얼굴이 눈에 들어왔다. 작년 포터대장으로 함께했던 사비르였다. 그는 1년 사이 얼굴이 더 까매졌고 웬일인지 늙어 보였다. 멋있던 모습은 온데간데없고, 옷차림도 어수선했다. 하얀 이를 드러낸 그와 악수를 하고 야영지로 향했다. 지난해 사비르가 스판틱 베이스캠프 트레킹을 강력히 추천해서 여정에 넣었는데 정작 여기가 그의 고향인 줄은 몰랐다.

야영장은 마을로 들어가기 전 공터에 마련되어 있었다. 마을 사람들이 관리하는 곳이라 제대로 된 화장실과 급수 시설도 있었다. 우리가 도착하자 언제 소문이 퍼졌는지 마을 남자들과 사내아이들이 구경하러 왔다.

우리 팀의 차량

작년 우리 팀과 함께했던 포터 아저씨들도 있어서 반가웠다.

우리를 싣고 왔던 차량이 돌아가자마자 작은 사건이 터졌다. 일행 하나가 차에 스틱을 놓고 내렸던 것이다. 그의 말로는 스태프에게 챙기라고 했다는데 그들이 챙긴 건 카고백뿐이었다. 일행은 크게 화를 내며 한국어로 욕을 했고 분위기는 삽시간에 싸늘해졌다. 보통 이런 트레킹에선 큰 짐 외에 작은 짐은 개인이 챙기는 것이 일반적이다. 스태프들이 차량을 보내면서 마지막으로 확인하지 않은 잘못은 있지만 그의 욕설은 아쉬웠다. 다행히 현지 포터대장이 스키 폴대를 빌려줘서 급한 대로 해결되

주방텐트에서 요리하는 N님

었다(스틱은 끝내 찾지 못했다).

저녁에는 N님이 솜씨를 발휘했다. 요리를 좋아하는 그녀는 한식 재료까지 개인적으로 준비해왔다. 그중 압권은 마른 해초와 직접 건조한 김치였다. 해초를 불려서 만든 샐러드는 입맛을 돋게 했고, 김치가 들어간 부대찌개는 일품이었다. 예순이 넘은 나이에도 어쩌면 그리 밝고 에너지가 넘치는지 가끔은 불가사의할 정도였다.

아란두는 심샬 못잖게 아름다웠다. 파란 하늘 아래 푸른 밀밭이 부드러운 융단처럼 펼쳐져 있었고 그 뒤로 설산이 눈부시게 빛났다. 우리가 도착하자 마을 사람들이 우르르 몰려나왔다. 여자들은 구경하면서도 얼굴을 가렸고, 남자아이들은 호기심 가득한 눈망울을 굴리며 졸졸 따라다녔다.

함께 걸어보자며 가장 느린 일행을 선두에 세우고 출발했지만 그는 결국 다시 후미가 되었다. 속도가 다른 이들이 함께 걷는 건 여전히 어려운 문제였다. 걸음이 느린 사람은 속도를 맞추느라 힘들고, 걸음이 빠른 사람은 제 속도가 아니라 힘들었다. 정석대로라면 가장 느린 사람의 속도에 맞추는 건데, 낯선 이들과의 여행에서 한쪽에만 일방적인 배려를 요구할 수도 없었다.

고산 트레킹을 할 때 천천히 가야 한다고 누구이 말하지만 사실 '천천히'에 대한 기준 자체가 제각각이다. 나는 '천천히 걷는 것'을 자신이 가

초고브랑사의 설산과 야생 장미

장 편안하게 걸을 수 있는 속도라고 생각한다. 조금 느리게 걸어도, 조금 빠르게 걸어도 자신에게 최적화된 걸음이 있을 테니 '천천히'라는 개념은 저마다 다를 수밖에 없다. 가장 좋은 건 취향과 속도가 비슷한 사람들과 다니는 것. 그게 가능한 일인지는 모르겠다.

7월 중순, 눈앞에 빙하가 보여도 여름은 여름이었다. 내리쬐는 땡볕 아래를 걷는 동안 땀이 줄줄 흘렀다. 야생 장미가 많은 이곳은 걷는 내내 옅은 장미향이 따라 다녔다. 우리네로 치면 해당화와 비슷한 모양이었다. 초고브랑사(Chogo Brangsa 3322미터)는 야생 장미가 피어있는 초지에 있었다. 맞은편에 빙하와 설산이 보이는 근사한 야영지였다.

아란두 마을의 아이들

트레킹하는 동안 늘 궁금한 두 가지가 있다. 하나는 그날그날 만나는 야영지이고, 다른 하나는 고개를 넘을 때. 이곳의 야영지는 늘 절묘한 곳에 있어서 야영지를 만날 때마다 기대감이 차올랐다.

초고브랑사에 도착할 때만 해도 맑던 물이 오후 3시가 넘어가자 흙탕물이 되어 불어났다. 날이 뜨거워지면서 산 위의 눈과 얼음이 빠르게 녹아내렸던 것이다. 불어난 물은 B님의 텐트 앞까지 들이닥쳐서 몇몇 스태프가 물길을 바꾸는 작업을 했다. 밤사이 기온이 떨어지면서 아침이면 흙탕물은 다시 맑은 물이 된다. 오전과 오후의 수량 차이가 컸다.

초고룽마빙하와 자주색 꽃

히말라야에서 기대하지 않았던 풍경을 만났을 때 가장 기뻤다. 모두가 그냥 지나친 호숫가 반영을 발견했을 때도, 엄청난 빙하와 함께 펼쳐진 자주색 꽃밭을 만날 때도 그랬다. 이번에도 기쁨은 불현듯 찾아왔다. 야영지를 지나고 만난 언덕에서부터, 우리는 풍경에 압도당했다. 너도나도 꽃밭에 들어가 멀리서부터 미끄러져 내려오는 빙하를 배경으로 사진을 찍었다. 시원하게 펼쳐진 초고룽마빙하 끝으로 최종 목적지인 스판틱 베이스캠프가 희미하게 드러났다.

우리는 빙하를 왼쪽에 두고 꽃길을 따라 걸었다. 빙하는 잔잔한 물결처럼 보이다가도 한 번씩 악마의 입을 드러냈다. 그럴 때는 흙덩이가 굴러 떨어지는 소리에도 신경이 바짝 곤두섰다. 주변은 분명 초원인데 지난겨울에 내린 눈이 여태 녹지 않은 곳도 있었다. 호기심 많은 소가 눈으로 쌓인 언덕 위에서 우리를 물끄러미 내려다보았다. 더러는 동행하기도 했다. 더 높은 초원에는 방목된 소들이 한가로이 풀을 뜯고 있었다. 평화가 따로 없는 곳이었다.

L님은 스카르두에서 새로 산 등산화 때문에 고생이 말이 아니었다. 길들여지지 않은 등산화가 발 이곳저곳을 압박했고, 급기야 하루 만에 밑창이 또 떨어졌다. 처음에 그는 예비 등산화를 빌려준 P님에게 자신의 등산화를 돌려달라고 했다. P님은 L님에게 등산화를 돌려주는 대신 2,500루피(약 18,000원)짜리 등산화를 사주었다. 이렇다 보니 P님이 등산화를

돌려줄 수도, L님이 돌려달라고 할 수도 없게 되었다. 다행히 나에게 야영지에서 신으려고 가져온 아쿠아 슈즈가 있었다. 여자 신발이라 L님에게는 작았지만 급한 대로 그거라도 신을 수밖에 없었다.

우리가 다 같이 모이는 건 식사 시간이 유일했다. 9명이나 되다 보니 음식과 관련해서 소소한 문제들이 생겼다. 예를 들어 닭고기가 나올 때 늘 닭다리를 먼저 챙긴다거나, 앞에서 반찬을 너무 많이 담아서 뒷사람이 먹을 게 없는 경우들이다. 시키는 게 버릇인 사람은 매번 주변 사람을 시켰고, 받는 게 버릇인 사람은 자기 밥그릇 챙기기에 급급했다. 인원수대로 나오는 초코바를 더 챙겨가는 일도 있어서 누군가 나서서 배분하기도 했다. 히말라야 트레킹은 우리를 원초적 본능에 충실하게 만들었다. 배고프면 더 먹고 싶고, 졸리면 자고 싶고, 먹은 만큼 화장실을 찾게 했다. 식욕은 어디에서나 빛나는, 가장 살아 있는 욕구였다.

L님은 발가락이 전부 까져서 걷기 힘들어했다. 발가락마다 밴드를 붙였지만 작은 신발이 편할 리 없었다. 더구나 아쿠아 슈즈라 발목을 잡아주지도 못했다. 옆에 구멍이 뚫려 있어서 눈이나 빙하를 만날 땐 번번이 양말이 젖었다. 그는 처음부터 등산화를 돌려달라고 분명하게 말하지 못한 자신을 탓했다. 속상함을 삭히느라 마음고생이 심했다. P님은 L님의 등산화가 없었다면 이번 트레킹을 하지 못했을 테고, L님은 등산화를 빌려주지 않았다면 발은 물론 마음고생도 없었을 것이다.

우리를 내려다보던 소

누가 잘못한 일도, 누가 잘한 일도 아니었다. 하지만 이 '등산화 밑창 사건'이 누군가에게는 안타까운 상처이자 교훈이 되었다. 고산 트레킹에서 가장 중요한 물건을 빌려주고, 빌린다는 건 예상치 못한 결과로 돌아올 수 있음을. 아무리 사소한 것이라도 내게 필요한 것은 내가 챙겨야 한다는 것. 그게 서로를 위하는 길이다.

시간이 흘러서 사람이 변하는 게 아니라, 시간이 그가 누구인지 보여준다는 말이 있다. 여행 30일이면 한 사람의 본성이 상당 부분 드러난다고 생각한다. 누구도 긴 여행에서는 자기의 민낯을 숨기기 어렵다.

삶이 그렇듯 여행이라고 해서 모든 순간이 행복한 것만은 아니다. 행복, 괴로움, 슬픔, 미움, 질투가 공존한다. 삶이 장편소설이라면 여행은 단편소설이다. 압축적이면서 조금 더 매혹적이다. 그래서 여행은, 짧은 순간이나마 인간 본연의 모습으로 돌아가는 무의식 같은 것인지도 모른다.

방목하는 소와 함께 걸으며

아침에 만난 반영

극적인 풍경

볼로초에서 시작되는 모레인 지대

언덕 아래 자리한 볼로초(Bolocho 3800미터)는 건조하고 푸석했다. 바람이 불면 고운 모래 가루가 침낭 위에 뽀얗게 앉았다. 뜨겁고 황량한 사막 같아서 아무리 수분 크림을 발라도 손톱 주변이 갈라졌다.

볼로초에서 시작된 모레인 지대는 곧 판판한 빙하 지대로 바뀌었다. 양탄자를 깔아 놓은 듯한 정경에 비아포빙하가 떠올랐다. 군데군데 쌓인 옅은 분홍 빛깔의 눈은 마치 풍선껌을 붙여 놓은 것 같았다.

시야가 넓어지면서 주변 산군이 한눈에 들어왔다. 확실히 이곳은 뭔가 달랐다. 더 안쪽으로 들어서자 빙하가 다시 표정을 바꾸었다. 그물을 촤르르 펼쳐 놓은 것 같은 크레바스 지대는 그야말로 미로 같았다. 이리저

미로 같은 초고룽마빙하

리 왔다 갔다 발을 조심하면서도 주변 풍경에서 한시도 눈을 뗄 수가 없
었다. 얼음 밟는 소리가 경쾌했고, 할 말을 잃게 만드는 풍경에 감탄도 모
자랐다. 이 빙하 트레킹 참 별나다, 하면서도 신이 났다.

　스판틱 베이스캠프가 보이기 시작하자 빙하는 한 번 더 변신을 거듭했
다. 캠프 옆으로 거대한 빙하가 폭포처럼 쏟아지고 있었다. 괴물의 걸쭉
한 토사물처럼 흘러내린 빙하는 경사가 50도쯤 되는 가파른 오르막길을
만난 뒤에야 멈추었다. 언덕 위에서 빙하를 내려다보는 순간 "미쳤다!"
는 말이 절로 튀어나왔다.

　세상에 이렇게 끝내주는 곳이 또 있을까. 이렇게 노골적으로 살아 있

스판틱 베이스캠프

는 빙하를 보기는 처음이었다. 꿈틀대는 애벌레의 주름 같기도 하고 밭고랑 같기도 했다. 베이스캠프는 또 어떻고. 어떻게 이런 곳에 야영지가 있을까 싶을 정도로 절묘한 위치에 펼쳐져 있었다. 길이 워낙 가팔라서 불안했는데 막상 와서 보니 그렇지도 않았다. 희한하게도 야영지 주변에는 맑은 물이 흘렀다. 우리 팀 전부를 수용할 수 있을 만큼 자리도 넉넉했다. 일본 원정대까지 있었으니 실제로는 더 넓었을 것이다.

텐트가 모두 들어선 다음 언덕 위로 올라갔다. 그 위에서 초고룽마빙하와 함께 내려다 본 베이스캠프는 감히 위대한 풍경이라 할 만했다. 4367미터에서 보는 풍경치고는 너무 극적이었다. 짧은 기간 강렬한 빙하 트레킹을 경험하고 싶다면, 나는 무조건 이곳을 추천하고 싶다.

하산하면서도 계속 이어지는 엄청난 설산과 빙하에 입을 다물지 못했다. 이런 빙하는 도무지 이해가 불가능했다. 산에 사는 사람들이 산을 믿는 것처럼 산을 걷는 나도 산을 믿었다. 일단 믿음의 영역에 들어서면 그때부터는 이해가 불필요했다. 오로지 믿음이었다. 거대한 산에 들어서면 걷고 있는 모든 것은 그저 하나의 점에 불과했다. 바람의 일부가 되고 자연의 일부가 되었다.

나는 점점이 찍힌 사람들을 뒤로하고 N님과 속도를 내며 걸었다. 작년에는 선두에서 혼자 걸었는데 이번에는 동지가 생겼다. 혼자 걷는 것도 좋지만 속도가 비슷한 사람이 있으니 든든했다. 어느새 빙하 끝자락이 보였다. 돌탑까지의 길은 확실했는데, 그 뒤로는 전부 돌무더기라 포터들이 지나간 흔적이 보이지 않았다. 우리는 일단 계곡 아래까지 내려갔다. 살벌한 언덕을 내려와 위를 올려다보니 낯익은 돌탑이 보였다. 여기서 기다리면 뒷사람들을 만날 거라는 확신이 들던 차, 그들이 지나가는 게 보였다. 사방이 확 트인 빙하에서는 방향만 잡고 가도 되지만 모레인 지대는 달랐다. 이런 곳에서 포터나 가이드를 놓치면 정말 길을 잃을 수 있겠구나 싶어 가슴을 쓸어내렸다.

쿠루말(Khurumal)에서 N님이 만들어 준 비빔밥은 맛도, 모양도 완벽했다. 그녀는 틈틈이 우리에게 한식을 만들어주었다. 그때마다 유수프가 옆에서 눈을 크게 뜨고 배웠다. 스태프들은 그녀를 '쉐프 나'로 불렀다. 한식을 만들다가 궁금한 게 있으면 쉐프 나부디 찾았디. B님은 '백가이버'를 자처하며 일행들의 고장 난 물건을 기가 막히게 고쳤다. 두 사람은 여러 면에서 비슷했다. 잘 베풀고, 잘 챙기고, 이야기하는 걸 좋아했다. 밝은 에너지로 함께하는 사람들을 즐겁게 했고, 포터들에게도 친절했다.

하산하자마자 아란두의 현지 포터대장인 하싼의 집에 초대받았다. 우리는 그와 걷지는 않았지만, 그렇다고 초대를 거절할 이유는 없었다. 마을 끝에 있는 그의 집은 어수선했다. 그래도 차려준 음식이 고마워서 만주르네서 했던 것처럼 감사 표시를 했다.

저녁에는 고생한 스태프들과 27명의 포터들에게 팁을 나눠줬다. 역할에 따라 책정된 인건비가 달라서 팁도 제각각 다른 금액으로 지급됐다. 인기가 많은 유수프와 만주르는 일행들에게 추가 팁을 받았지만 이브라힘은 그렇지 못했다. 가이드인 그는 후미를 챙기느라 선두 그룹과 걸을 일이 거의 없었다. 다음날 일정에 관해서 모두에게 브리핑한 적이 단 한 번도 없었다. 아침에 우리를 봐도 데면데면했다. 내가 그를 찾아갔을 때 누운 채로 내 이야기를 들었던 일도 있었다. 1차 팁을 정산하면서 그에게는 계산된 금액의 50%만 줬다. 그리고 왜 그것밖에 줄 수 없는지에 관해 설명했다.

스판틱 베이스캠프에 다녀온 사이 여름이 짙어졌다. 초고롱마, 비아포, 발토로빙하가 녹으면서 시가르강의 수량이 크게 늘었다. 불어난 물은 며칠 전까지 멀쩡했던 길을 덮쳤다. 차의 바퀴 높이까지 물이 차올랐다.

어쩌다 보니 만주르네 집을 시작으로 동선이 겹치는 곳에 있는 스태프의 집에 초대받는 일이 자연스럽게 이어졌다. 우리는 그들의 초대를 '가정 방문'이라 불렀다.

사비르는 티싸르의 유지인 듯했다. 상가 건물을 소유하고 있었고, 가게만 2~3개라고 했다. 그의 집은 오래되었지만 새로 지을 예정인지 마당에 집터가 있었다. 우리는 사비르의 집에서 카스테라, 과일, 요구르트, 튀김 닭 등을 먹었다. 이제는 이것저것 많은 음식보다 간소한 음식이 편했다.

N님이 만든 비빔밥

초대받은 하싼의 집

아란두의 목가적인 풍경

다과를 마친 뒤 부엌으로 가서 사비르의 아내부터 찾았다. 20대 후반인 사비르를 생각했을 때 아내도 분명 젊은 여자일 거라고 생각했다. 그런데 어머니뻘 되는 이가 나와서 당황했다. 나중에 알고 보니 사비르는 아내가 둘이었다. 이슬람은 일부다처제를 허용하지만 아내들을 차별해서는 안 된다고 한다. 그만큼 경제력이 뒷받침되어야 가능한 일이리라.

사비르의 집을 끝으로 우리는 팀으로 왔던 4명의 일행과 헤어졌다. 우리보다 짧은 일정으로 시작한 여정이었다. 이쯤에서 인원이 절반으로 줄어서 다행이라고 여겼다. 서로의 인내심이 바닥나기 전에, 서로의 감정이 더 상하기 전에 적당한 헤어짐이 필요했다. 장기간의 일정을 9명이 함께 하기엔 분명 무리였다. 반면 좋은 배움의 시간이기도 했다.

지난해 6명 이번에 9명. 어쩌면 인원 문제가 아닐지도 모른다. 우리는 서로의 행운을 빌어주며 악수를 나누고, 4명은 스카르두로 남은 5명은 아스콜리로 향했다.

Chapter 7

위태로운 길

라톡 베이스캠프

중앙 카라코람의 라톡(Latok)은 극적인 바위 봉우리로 이루어진 산군이다. 라톡 산군은 바인타브락(Baintha Brakk 7285미터)에서 남동쪽으로 뻗어나간 산등성이부터 라톡Ⅱ(7108미터), 라톡Ⅰ(7151미터), 라톡Ⅲ(6949미터), 라톡Ⅳ(6456미터)가 이어진다. 산군의 남쪽에는 카라코람의 5대 빙하인 비아포빙하가 있으며, 동쪽으로 K2를 비롯한 카라코람의 주요 봉우리들이 모여 있다.

라톡 베이스캠프는 줄라까지 K2 트레킹과 겹친다. K2는 줄라에서 우측으로 꺾어 발토로빙하를 따라가는 여정이다. 라톡은 두모르도강을 따라 계속 위로 올라간다. 삭막한 길이 강을 따라 한동안 이어지며, 일부 구간에서 다양한 야생화 군락을 즐길 수 있다. 라미독파(Lamidokpa 4100미터)를 지나면 본격적으로 베이스캠프에 들어선다. 여기서부터 지금까지와는 다른 웅장한 라톡 산군을 볼 수 있다.

라톡 베이스캠프 트레킹은 전 일정 야영으로 진행한다. 길을 잘 알고 경험 많은 스태프와 반드시 함께 해야 한다. 촉토이빙하(Choktoi Gl.)를 가로지르는 길이 없다시피 하고 험난하다. 여름철 오후에는 범람하는 계곡을 자주 만나는 등 전체 여정이 녹록치 않다. K2 트레킹보다 더 어렵고 힘들다. 등반하는 이들을 제외한 일반 트레킹으로는 접근이 쉽지 않은 이유다.

라톡 베이스캠프 진행경로(18스테이지)

아스콜리　　　어퍼줄라　　　판마　　　동론바　　　라미독파　　　라톡 베이스캠프
　　　　　　　　　　　　　　　　　　　　　　　　　　　　　　　　　　（원점회귀）

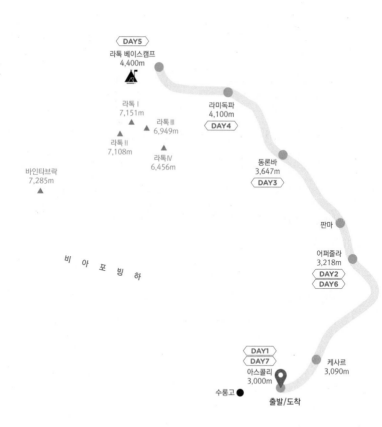

DAY5
라톡 베이스캠프
4,400m

라톡 I
7,151m

라톡 III
6,949m

라미독파
4,100m
DAY4

라톡 II
7,108m

라톡 IV
6,456m

동론바
3,647m
DAY3

바인타브락
7,285m

판마

어퍼줄라
3,218m
DAY2
DAY6

비 아 포 빙 하

DAY1
DAY7
아스콜리
3,000m

케사르
3,090m

수롱고 ●

출발/도착

아홉에서 다섯으로

아스콜리에서도 스태프들의 초대는 계속 이어졌다. 수롱고(Surongo)에 있는 유수프의 집은 아스콜리에서 20분 거리라더니, 땡볕을 45분 쯤 걸은 뒤에야 도착할 수 있었다.

수롱고는 몇 가구가 옹기종기 모여 있는 작은 마을이었다. 유수프의 형이 마을 입구까지 우리를 마중 나왔다. 우리가 도착하자 마을은 잔칫집 분위기가 되었다. 그의 집 앞은 동네 꼬마들이 죄다 몰려나온 듯했다. 얼굴을 가린 동네 여자들도 우리의 방문에 호기심을 드러냈다.

유수프네는 한 집에 3대가 모여 살았다. 우리가 방으로 들어가자 그의 남동생들이 음식을 날랐다. 5형제 중 1명은 시가르, 1명은 스카루드, 나머지는 같은 마을에 산다고 했다. 정작 주인인 유수프는 뭐가 그리 부끄러운지 내내 나타나지 않았다. 그러다가 아이들이 보고 싶다고 하자 아들만 데려왔다. 다섯 자식 중 막내가 아들이었다. 녀석은 집안에서 귀여움을 독차지하는 듯했다. 누나들은 부엌에 있어서 만날 수 없었다.

우리 팀 가정 방문의 공식 일정을 위해 N님과 유수프의 아내를 만나러 부엌으로 갔다. 유수프의 어머니가 우리를 보자마자 고맙다며 악수를 청했다. 손에 스카프를 감은 상태여서 약간 의아했다. 부창부수라더니 유수프의 아내 역시 순박하고 착한 인상이었다. 나는 그녀의 손을 꼭 잡고 감사한 마음을 전했다. 그녀의 뒤로 보이는 여자 아이들은 딸들인 것 같았다. 주눅 든 표정에 마음이 짠했다.

유수프가 사는 마을 수롱고

유수프의 가족

유수프의 집까지 초대받았으니 이제 남은 스태프는 이브라힘과 샤민 뿐이다. 공교롭게도 마지막 트레킹 지역이 그들의 동네라서 두 사람의 집에도 초대받은 거나 다름없었다.

브랄두강은 다리 공사가 한창이었다. 당나귀와 말은 다른 길로 돌아서 가고 우리는 다리를 건넜다. 7월 말, 더위는 절정에 달했다. 뜨겁고 눈부셨다.

코로퐁에서 뿌옇게 흐르는 물을 떠서 정수했다. 현지인들은 이런 물을 그냥 마시지만 우리는 끓이거나 정수하지 않고 마셨다간 큰일 난다. 맑게 정수된 물을 들이켰다. 냉장고에서 금방 꺼낸 것처럼 시원했다. 여기에 발포 비타민을 타서 마시면 배고픔과 갈증이 한꺼번에 해소되었다. 한마디로 환상의 맛! 유수프는 웬만하면 우리가 원하는 음식을 만들어줬다. 오늘의 점심은 한국식 볶음밥과 달걀국. 맛있게 먹었다.

스판틱에서 등산화 밑창이 떨어진 사람은 L님만이 아니었다. B님은 떨어진 등산화를 포터에게 넘기고 여행사에 부탁해 중고 등산화를 샀다. 그런데 이 등산화 역시 하루도 안 돼서 나가떨어졌다. B님이 현지에서 산 본드를 바르고 전선으로 묶어보았지만, 결국 양쪽 신발 다 입을 쩍 벌리고 말았다. 다행히 B님에게는 여유분의 좋은 등산화가 있어서 별문제 없었다. 그러고 보니 이번 일정에서만 여섯 켤레의 등산화 밑창이 떨어졌다. 일부러 그렇게 하려고 해도 못할 텐데 참 별일이었다.

아무리 좋은 새 등산화라도 험난한 곳을 반년 간 누비면 바닥이 닳기 마련이다. 나는 예전부터 몇 달간 이어지는 히말라야 트레킹에 들어가게 되면 등산화를 새로 장만했다. 같은 색 양말을 여러 켤레 갖추어 놓듯 같은 종류로 산다. 신발 한쪽에 문제가 생겼을 때 대체하기 좋기 때문이다.

첫 야영지는 어퍼줄라(Upper Jhula 3218미터)였다. 이브라힘은 도착하자마자 복통과 설사로 잠부터 잤다. 가뜩이나 마른 몸에 설사까지 하니 병든 닭처럼 힘이 없어 보였다. 먹는 것도 부실해서 기력이 많이 떨어진 듯했다. 정서가 다른 외국인들을 상대하는 일이 쉽지 않을 것이다. 나는 일행들로부터 설사약과 영양제를 구해다가 그에게 전해주엇다.

저녁에는 N님이 무려 양념치킨을 만들어주었다. 이런 오지에서 호강이 따로 없었다. 그녀를 보면 요리를 할 줄 아는 것과 요리를 즐기는 것은 별개라는 생각이 들었다. 그녀의 음식은 뭔가 즐겁고, 멋있기까지 했다. 주방 텐트는 불편하고 협소했다. 석유버너에선 기름 냄새가 올라왔다. 스태프들과 말이 잘 통하는 것도 아니었다. 고산에서는 걷는 것만으로 피곤한 일이다. 그런데도 N님은 자신이 하는 모든 일을 즐겼다. 나는 어떤 여행에서도 그녀처럼 활력이 넘치는 사람을 본 적이 없다. 스태프들에게 친절하고 잘 베풀면서도 선을 넘지 않았다. 그녀에겐 늘 여유가 있었다. 서둘러 걷지 않는데도 가장 잘 걸었다.

B님의 밑창 떨어진 등산화

어퍼줄라 야영지

신들의 또 다른 정원

시작부터 긴 오르막이 이어지더니 다시 가파르게 내려갔다. 길은 지루하게 이어졌다. 땡볕 아래를 걷자니 오직 덥다는 생각만 들었다. 주변 풍경이 눈에 들어오지 않았다. 앞선 두 번의 트레킹으로 풍경이 익숙해진 탓도 있었다. 한동안 메마른 땅이 이어졌다. 동론바(Donglonba 3647미터)가 가까워지자 야생화가 자주 나타났다. 분홍 야생 장미가 군락을 이룬 곳도 있었다.

꽃과 나무가 있는 곳에는 반드시 물도 있는 법. 동론바의 넓은 야영지 앞에 개울이 흘렀다. 너무 더워서 다들 짐을 내려놓고 개울로 향했다. B님은 과감하게 등목을 했다. 나와 N님은 머리를 감고 빨래를 했다. 그런데 나중에 마른 빨래에서 모래가 우수수 떨어졌다. 혹시나 해서 머리카락을 털어냈다. 마찬가지였다. 약간의 흙탕물처럼 보였는데 생각보다 모래가 많이 섞여 있었나 보다.

베이스캠프까지 앞으로 이틀을 더 가야 한다고 생각하니 다리가 묵직했다. 산비탈로 이어지던 길이 빙하 안쪽을 파고 들었다. 나와 N님은 샤민을 뒤따랐다. 그는 방학 동안 잠시 아르바이트하러 온 대학생이었다.

빙하 안쪽은 아무리 봐도 길이 없었다. 대규모 공사장을 방불케 하는 풍경이 펼쳐졌다. 얼음에 미끄러지며 간신히 내려섰다. 흙더미와 돌무더기를 오르내리기를 몇 번, 얼른 이곳을 빠져나가고만 싶었다. 지난번 심살에서 만난 압두후가 라톡 베이스캠프는 어려울 거라고 했었는데, 그 말

이 이해가 갔다. 이런 난관에도 포터들은 망설임 없이 빙하를 통과했다. 당나귀들까지 벌써 우리 뒤를 바짝 따라왔다.

생기라곤 전혀 없어 보이는 뾰족한 암봉과 거친 빙하뿐이건만 모래밭에는 다양한 야생화가 피어 있었다. 이 꽃씨들은 어디서 날아왔을까. 바람을 타고 왔을까, 새가 물어왔을까. 마른 땅에는 먼지가 풀풀 나고 비는 거의 내리지 않는다. 유일한 물이라고는 가깝고도 먼 빙하. 그런데도 꽃들은 척박한 땅에 뿌리를 내렸다.

흔히 나약함을 표현할 때 한 떨기 꽃에 비유하곤 한다. 히말라야의 꽃

동론바 가는 길의 야생화

들은 그렇지 않았다. 그들은 독립적이고 강했다. 그들만의 방식으로 적극적으로 살고 있었다. 씨앗이 떨어진 그 자리에서, 주어진 환경에 최대한 적응했다. 무엇에도 의지하지 않은 채, 스스로 살아갈 궁리를 했다. 모래바람이 불어온다고 찌푸리지 않았다. 옆에 더 예쁜 꽃이 피었다고 질투하지 않았다. 그 자체로 놀랍고 멋지게 살고 있었다.

포터들이 지나간 길에 카콜 껍질이 자주 보였다. 나도 카콜이 보일 때마다 지나치지 않았다. 그 모습을 보았는지 만주르가 굵직한 줄기 몇 개를 꺾어다 주었다.

점심을 먹고 1시간 만에 라미독파에 도착했다. 주변이 온통 흰 돌무더기라 눈이 부셨다. 스판틱 베이스캠프가 아름다운 정원이었다면 이곳은 바위로 이루어진 사막 같았다. 텐트 문을 모두 열어 놓아도 얼굴이 벌겋게 익었다. 건조하고 부스스한 느낌에 괜히 정신까지 사나웠다.

아침에 당나귀 2마리와 포터 1명이 내려갔다. 남은 짐은 다른 포터들이 나누어 짊어졌다. 길은 다시 빙하 지대로 바뀌었다. 돌무더기 언덕을 넘고 날카로운 돌멩이들이 박혀 있는 빙하를 따라 걸었다. 길이 이러니 등산화가 남아날 리 없었다. 그런데도 당나귀들은 초연한 표정으로 무심히 걸었다. 마부가 길을 안내하는 것도 아니건만 자기들끼리 알아서 잘 갔다. 길이 없을 것 같은 돌무더기 언덕도 당연하다는 듯이 넘었다. 포터들도 대단했지만 이 구간에서는 당나귀가 더 대단해 보였다.

만주르가 꺾어준 카콜

이번 여정에선 유달리 작은 사고들이 많았다. 일행 3명은 각각 두 켤레씩 등산화 밑창이 떨어졌다. 나는 발목이 삐어서 한동안 걷는 게 불편했다. 어떤 일행은 발에 문제가 생겨서 병원에 가야 했다. 지독한 변비로 며칠 동안 식사를 못했던 일행, 파키스탄에 도착하자마자 카메라가 고장난 일행, 스틱이 부러지고 카메라가 물에 빠진 일행, 미끄러져서 허벅지가 심하게 쓸린 일행까지. 9명 모두에게 자잘한 사고가 골고루 일어났다. 다행이 수습 가능한 정도라서 어떻게든 해결됐다. 트레킹하면서 이렇게 어수선하기도 처음이었다.

여기는 감정이라곤 하나도 없는 듯 너무 거칠고 황량한 곳이었다. 어딘가에 잔뜩 위험이 도사리고 있는 것만 같았다. 날카로운 바윗길을 지나점심 장소에 도착했다. 유수프가 맞은편 빙하 둔덕을 가리키며 베이스캠프라고 했다. 가까워 보였지만 가깝지 않을 게 분명했다. 히말라야를 걷다 보면 원근감이 느껴지지 않을 때가 많다. 분명 저 앞에 있는 것 같은데 거리는 좀처럼 줄어들지 않는다.

라톡 베이스캠프에 가려면 빙하 수로를 넘어야 했다. 빙하가 녹은 물은 봅슬레이가 지나가도 될 만큼 빠르게 흘렀다. 오후가 되자 빙하는 더 빠르게 녹았다. 수량이 불면서 봅슬레이 수로의 폭도 넓어졌다. 물살이 빨라서 은근히 겁이 났다. 포터들은 짐을 지고도 날듯이 뛰어 넘었다. 문제는 다리가 짧은 우리였다. 유수프와 샤민이 더 위로 올라가 확인해 봐도

알아서 길을 찾아가는 당나귀들

수로의 폭은 똑같았다. 그때 N님이 적당한 폭을 발견하고 훌쩍 뛰어넘었다. 얼결에 나도 그녀를 따라 뛰어넘었다.

빙하 수로 맞은편에 이르자 드디어 라톡 산군의 모습이 전부 드러났다. 올라오는 내내 아무것도 안 보여주더니 다 와서야 보여준 것이다. 하나의 몸통으로 된 거대한 바위산은 사진 속 한 장면을 뚝 떼다 놓은 것 같았다. 다른 차원의 세계처럼 보였다. 콩코르디아가 신들이 거주하는 제1의 장소라면, 이곳은 제2의 장소쯤 될 것 같았다. 주위를 에워싼 침봉들이 각기 다른 신의 모습으로 그곳에 서 있는 듯했다. 고산에 사는 사람들

빙하가 녹은 봅슬레이 수로

은 산을 정복이 아닌 경외의 대상으로 삼는다. 라톡 산군을 보니 그 마음이 절로 이해됐다. 나는 베이스캠프로 향하면서도 자꾸만 뒤를 돌아보았다. 스스로 그러한 자연은 그 자체로 신성함이 가득했다.

빙하 둔덕을 넘으면 베이스캠프가 금방 나타날 줄 알았건만. 다시 무지막지한 빙하 지대를 만난 우리는 잠시 우왕좌왕했다. 샤민은 우리를 엉뚱한 곳으로 데려가기 일쑤였다. 그때마다 앞에 있는 유수프가 소리를 질렀다. 덕분에 크레바스 구경을 원 없이 했다.

캠프가 보이자 내 짐을 담당하는 포터 할아버지가 마중을 나왔다. 배낭을 들어주겠다는 걸 괜찮다고 했다. 좋은 뜻으로 한 행동일 텐데, 사양하면서도 미안한 마음이었다. 할아버지는 나를 텐트가 있는 곳으로 데려갔다. 전망이 끝내주는 곳이었다. 내가 엄지를 세우며 좋아하자 할아버지가 활짝 웃었다. 아닌 게 아니라 정말 근사했다. 텐트를 열고 나오면 신들이 정원이 나만의 정원인 듯 눈앞에 펼쳐졌다. 아마도 할아버지는 내게 이곳을 얼른 보여주고 싶었던 것 같다.

베이스캠프에는 라톡에 도전하는 독일 원정대가 있었다. 캠프에는 그들이 널어놓은 빨래가 펄럭였다. 몇몇은 바위 주변에 매달리는 등 체력을 단련하고 있었다. 그들은 몇 개월 동안 머물면서 훈련하고 적응하는 중이라고 했다. 라톡이 무서울 만큼 선명하게 잘 보였다. 그들은 매일 저 산을 바라보며 무슨 생각을 할까. 저 거대한 벽에 매달렸을 때 어떤 생각을 할까. 이곳에 서서 그저 바라보는 것만으로도 나는 두려운데…….

내가 캠프에서 어슬렁거리자 포터 아저씨(만주르의 작은아버지)가 주변 봉우리 이름을 알려줬다. 아저씨는 여기서 심라(Sim La 5833미터)를 넘어가면 스노레이크가 나온다고 했다. 왔던 길을 다시 내려가는 것보다 새로운 길을 좋아하는 나는 솔깃했다. 그런데 이곳은 좀 무지막지한 편이라 엄두가 나지 않았다. 갈 수 있다고 해도 과연 내 실력으로 갈 수 있을지 확신할 수 없었다. 산은 그렇게 나에게 경이와 두려움을 동시에 선사하고 있었다.

이틀에 걸쳐 올라온 거리를 하루 만에 내려가는 날. 이브라힘을 선두로 모레인 지대를 빠져나갔다. 길은 어제 그 길이 맞나 싶을 정도로 편안했다. 가이드의 존재에 대해 새삼 생각했다. 그동안 N님과 나는 샤민을 따라서 힘들고 험한 곳만 골라 다녔다. 우리는 가이드가 후미만 챙기는 것 자체에는 불만이 없었다. 오히려 이브라힘이 후미를 챙겨서 다행이라고 생각했다. 그런데 챙김을 받는 그들이 그걸 당연하게 여기는 것 같았다. 보통은 가이드가 선두에 서고 후미는 보조 가이드나 다른 스태프가 챙긴다. 우리 딴에는 그들에 대한 배려였는데 어느 순간 배려가 권리가 된 듯했다.

가까이 있는 이들과는 좀 더 친해지기 마련이다. 언제부터인가 선두와 후미의 대화가 뜸해졌다. 각자 걷는 목적도 달랐다. 히말라야 구석구석을 걷고 싶어 하는 사람과 이런 길은 생애 한 번이면 족하다는 사람. 같은 곳에 있어도 목적이 다르면 다른 길에 있는 거나 다를 바 없었다.

　3일 만에 도착한 아스콜리에는 비가 부슬부슬 내렸다. 비가 와서 텐트도 못 치고 허름한 건물 안에서 비를 피했다. 때가 잔뜩 낀 컵에 콜라를 마시며 앉아 있자니 피곤이 몰려왔다. 집에서 멀리 떨어진 산도 좋고 오랫동안 여행하는 것도 즐겁지만, 이런 날이면 집 생각이 간절하다. 따뜻한 물에 몸을 담그고, 편안한 잠자리에 누워 휴식하고 싶다. 그러고 보면 삶은 반복의 연속이다. 내려오기 위해 산을 오르고, 돌아가기 위해 집을 떠난다.

라톡 베이스캠프

Chapter 8

야생화 천국

탈레라 / 이크발탑

탈레라(Thalle La 4876미터)는 발티스탄 카플루(Khaplu)와 시가르(Shigar) 사이에 있는 지역이다. 카라코람 남쪽의 탈레라는 카람코람 중에서도 비교적 쉬운 트레킹에 속한다. 누구나 가볍게 즐길 수 있는 곳 중 하나다. 넓은 초원에서 여유롭게 풀을 뜯는 야크와 소를 만날 수 있으며, 지천에 핀 아름다운 야생화를 즐길 수 있다. 유럽 알프스의 느낌도 약간 난다. 트레킹은 시가르 혹은 올모초믹(Olmo Chomik 3423미터)에서 시작할 수 있다. 3~4일 정도의 야영이 필요하다. 비교적 짧고 유순한 코스라 백패킹도 가능하다.

이크발탑(Iqbal Top 4850미터)은 칸데에서 시작한다. 탈레라와 마찬가지로 카라코람 남쪽에 있다. 이곳은 1998년 현지 가이드였던 이크발(Mohammad Iqbal Qadri)이 발견하고 자신의 이름을 붙인 봉우리다. 짧은 일정으로 카라코람의 주요 고봉을 한눈에 볼 수 있는 코스다.

이크발탑의 베이스캠프인 쿨리브랑사(Quli Brangsa 4534미터)는 맑은 물이 흐르는 넓은 초지다. 7월 말~8월 초가 되면 야생화가 수를 놓은 듯 펼쳐지는 곳으로 풍광 또한 손색이 없다. 정상은 K2를 비롯한 주변 8000미터 급 봉우리를 비롯해 수많은 봉우리를 볼 수 있는 최고의 전망대이기도 하다.

이크발탑까지 가는 길은 매우 가파르다. 쿨리브랑사를 제외하면 야영지도 협소하다. 트레킹은 3일만으로 충분하지만 고산 적응이 쉽지 않다면 하루 이틀 여유 있게 잡는 것이 좋다. 아름다운 쿨리브랑사에서의 휴식도 권하고 싶다.

탈레라 진행경로(7스테이지)

시가르　　바우마하렐　　카르포홈부　　탈레라　　탈레캠프　　두블라칸　　올모초믹

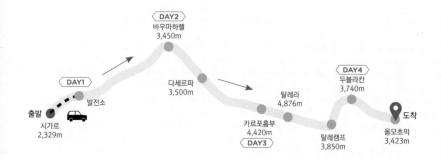

DAY2
바우마하렐
3,450m

다세르파
3,500m

DAY1

DAY4
두블라칸
3,740m

출발
시가르
2,329m

발전소

탈레라
4,876m

카르포홈부
4,420m
DAY3

탈레캠프
3,850m

도착
올모초믹
3,423m

이크발탑 진행경로(8스테이지)

칸데　　다리　　아포브락　　소스　　곰바라　　쿨리브랑사　　이크발탑
(원점회귀)

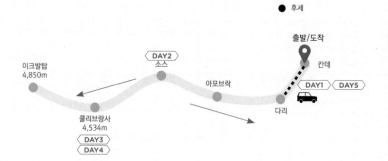

● 후세

이크발탑
4,850m

DAY2
소스

아포브락

출발/도착
칸데

다리

DAY1　　DAY5

쿨리브랑사
4,534m
DAY3
DAY4

탈레라, 꽃길만 걷자

쉬는 날. 아침으로 된장국이 나와서 잘 먹었다. 점심에는 N님이 김밥을 말아줬다. 김밥은 가볍게 먹을 수 있는 음식이지만 만드는 과정은 간단치 않았다. 당연하지만, 히말라야라는 열악한 환경에선 더욱 그렇다. 그런데도 N님은 김밥 재료를 일일이 만들었다. 김밥 말이 대신 미역 봉지를 이용했다. 접시에 옮겨 담은 김밥은 예쁘고 근사했다. N님은 어떤 음식도 막 담지 않았다. 파키스탄을 걸으며 정말 맛있다고 생각한 음식이 많지 않은데, 어느새 나는 N님의 음식 앞에서 파블로프의 개처럼 반응하고 있었다. 부족한 식자재 앞에서도 그녀의 음식은 빛났다. 이제는 은근히 기다려지기까지 했다.

8월이 가까워지자 비가 자주 내렸다. 브랄두강은 그 사이 더 불어나서 모든 걸 집어삼킬 듯 으르렁 댔다. 우리는 시가르에서 점심을 먹고 트레킹 시작점인 시가르 발전소까지 갔다. 만주르는 집에 다녀오는 길에 크고 좋은 살구를 잔뜩 가져왔다. 나는 만주르가 살구를 가져다줄 때마다 적당한 값을 치렀다. 그들의 식량이나 다름없는 살구를 그냥 받을 수 없었다. 만주르는 매번 사양했지만 나는 오히려 그의 정성을 돈으로 환산하는 일이 미안했다.

이번 여정에 우리는 18명의 포터를 고용했다. 지역이 바뀌면서 포터 중 절반이 이곳 사람들로 바뀌었다. 파키스탄은 지역이 달라질 때마다 포터들도 바뀌는 게 불문율인 듯했다.

바우마하렐 야영지

트레킹 시작은 동네 뒷산을 걷는 느낌이었다. 하지만 곧 깊숙한 계곡으로 진입했다. 점심 때쯤 도착한 초지에서 유수프는 여기가 오늘의 야영지 바우마하렐(Bauma Harel 3450미터)이라고 했다. 여유로운 것도 좋지만 트레킹을 시작하자마자 멈춘 것 같은 허탈함도 있었다. 바우마하렐은 두 물길이 만나는 곳에 형성된 거대한 초지였다. 목동의 오두막이 있는 곳이라서 저녁이면 멀리 나갔던 소와 양들이 돌아왔다.

탈레라 가는 길은 다른 지역에 비해 부드러웠다. 보이는 곳이 전부 초원이었다. 정해진 장소가 아니더라도 야영할 곳이 넘쳤다. 목동의 또 다

목동의 오두막 안

목동 할아버지가 내준 요구르트

른 오두막에 다다르자 포터들은 짐을 내려놓고 그곳으로 향했다. 무슨 일인가 궁금해서 N님과 따라가 보았다. 목동 할아버지가 우리에게 요구르트 같은 걸 따라주었다. 컵은 낡고 지저분했지만 우리에게는 '설사약'이 있으니까, 하며 벌컥벌컥 마셨다. 시큼한 막걸리 같으면서도 뒤에는 살짝 요구르트 맛이 났다. 우리는 할아버지가 더 따라주는 것도 마다하지 않았다. 안에 있는 유수프와 사비르도 같은 것을 마시는 듯했다. 술을 하지 않는 그들이 술을 마실 리 없을 테니 분명 요구르트였을 것이다. 다행히 그날 아무도 설사를 하지 않았다.

좋은 야영지가 여럿 있었지만 포터들은 계속 올라갔다. 일정표에 있는 야영지에 도착해서도 그들은 짐을 내려놓지 않았다. 물이 탁했고, 야영지도 썩 좋아 보이지 않았기 때문이다. 포터들은 여기서 조금만 더 올라가면 초지와 맑은 물이 있다며 더 가자고 했다. 경험상 포터들이 말하는 곳이 가장 좋다는 것을 알기에 그들의 말을 따랐다.

넓게 펼쳐진 초원에 놀랍도록 많은 야생화가 피어 있었다. 이곳은 카라코람 자락인데도 우락부락한 카라코람과는 달랐다. 라톡 베이스캠프가 거칠고 황량했다면, 이곳은 부드럽고 싱그러웠다. 우리는 연이어 등장하는 꽃밭에 감탄을 금치 못했다. 둥근이질풀처럼 생긴 보라색 꽃밭에선 아예 이브라힘이 나서서 사진을 찍어 주기도 했다. 나는 그를 볼 때마다 미야자키 하야오 감독의 〈센과 치히로의 행방불명〉에 나오는 가마 할아

초원을 걷는 포터들

버지가 생각났다. 가끔 삼장법사의 모습이 보이기도 했다. 몰랐는데 이 브라힘은 사진 찍는 걸 무척 좋아했다. 그는 가는 내내 셀카를 찍느라 바빴다. 가끔은 꽃밭에 혼자 누워 사진을 찍기도 했다. 고리타분하다고 생각했던 그가 다르게 보였다.

탈레라 트레킹에서 처음으로 이브라힘을 선두에 세웠다. 여정 중 가장 쉬운 길이었지만 여행이 끝나기 전 그와 함께 걸어보고 싶었다. 생각해 보니 N님과 나는 이브라힘과 친해질 기회가 없었다. 늘 떨어져 걷는 바람에 여전히 서먹서먹했다.

사람 마음이라는 게 그렇다. 누군가에 대해 잘 알지 못하면 이해보다 오해가 앞선다. 조금씩 친해지면서 마음의 문이 열려야 비로소 이해할 마음이 생긴다. 거리를 유지하되 천천히 그와 친해지기 위해 노력했다면 어땠을까. 익숙하다는 이유로 유수프에게 물어보는 대신 이브라힘에게 물어봤다면 어땠을까. 그를 단순히 가이드가 아닌 중요한 사람으로 생각했다면 어땠을까. 생각이 거기에 이르자 미안한 마음이 올라왔다. 이제야 이브라힘이 제대로 보이기 시작했다.

포터들이 말한 야영지는 넓고 아름다운 곳이었다. 한가로이 풀을 뜯던 야크들은 우리를 호기심 충만한 눈으로 바라보았다. 깨끗한 물이 흐르는 푹신한 초지 곳곳에는 야생화가 피었다. 그 뒤로는 하얀 눈을 덮고 있는 산이 있었다. 포터들은 이곳을 카르포홈부(Karpohombu 4420미터)라

야생화 만발한 카르포홈부

한가로이 풀을 뜯는 어린 야크들

고 불렀다. 그야말로 천국 같은 곳이었다.

카메라를 들고 오랜만에 주변 산책을 했다. 그리곤 발끝에 닿는 야생화 앞에 엎드려 한참 사진을 찍었다. 야영지를 벗어난 곳에서 이름 모를 꽃을 발견하는 일은 매번 즐거웠다. 꽤 높은 언덕에 올라 야영지를 내려다보니 이런 평화가 없었다. 나뭇짐을 지고 가는 포터 할아버지들, 저녁을 준비하느라 분주한 스태프들, 먼지를 일으키며 하산하는 야크들. 평화와 고요가 주는 행복 앞에서 나는 무장해제가 되었다. 낮 동안 바쁘게 걷다가도 이런 시간을 혼자 보내다 보면 그 자체로 정화가 되었다.

탈레라는 가파른 언덕 뒤로 완만하게 이어졌다. 끝없이 펼쳐져 있을

것만 같던 초지는 이내 눈으로 바뀌었다. 얼어 있는 눈이 제법 미끄러워 다리에 힘이 들어갔다. 이브라힘은 운동화만 신고도 사뿐사뿐 걸었다. 그는 아무리 가파른 길이라도 숨소리 하나 없이 가볍게 움직였다. 정상에 이르자 기다리고 있던 스태프들이 우리를 반겼다. 이곳 남자들은 유독 꽃을 좋아하는 듯했다. 귀에 꽃을 꽂은 남자들을 본 게 한두 번이 아니었다. 유수프는 양쪽 귀와 배낭, 모자에까지 분홍색 앵초를 잔뜩 꽂았다. 카리스마 사비르도 귀에 앵초를 꽂았다. 나는 N님과 유수프에게 꽃을 얻어서 모자와 배낭에 매달았다. 그리고 정상에 있던 사람들을 모아 기념사진을 찍었다.

고개 정상이 너무 추워서 다들 바로 하산했다. 내려가는 길은 온통 초지라 걷기 좋았다. 마모트(다람쥐에 가까운 대형 설치류)는 우리가 지나가자 고개를 내밀고 코를 벌름거렸다. 귀여운 녀석을 가까이서 보고 싶었는데. 조금이라도 움직이면 구덩이 안으로 쏙 들어가 버렸다.

점심 장소는 야영이 탐날 정도로 멋진 곳이었다. 다시 온다면 꼭 이곳에 머물고 싶었다. 가는 내내 펼쳐진 초지와 야생화는 하산하는 발걸음을 자주 멈추게 했다. 그사이 뒤늦게 출발한 포터들이 우리를 앞서갔다. 어느 오두막에서는 엄청난 양 떼를 만났다. 녀석들은 똥과 오줌이 범벅된 곳에서 무상무념인 듯 앉아 있었다. 다른 양의 등에 똥을 누는 녀석도 있었다.

하산하는 이브라힘은 영락없이 만화에 나오는 삼장법사였다. 마르고 큰 키에 옷이 펄럭거리니 더 그래 보였을 것이다. 유수프는 약간 사오정 느낌이고, 얼굴에 수염이 많은 샤민은 손오공 같았다.

빗방울이 떨어지자 마음이 급해졌다. 서둘러 내려가다가 시원하게 흘러가는 강 옆으로 늘어선 야영지를 보았다. 두블라칸(Dubla Khan 3740 미터)이다. 야영지가 곧 방목지다 보니 풀을 뜯는 양과 소들이 어슬렁거리고 있었다. 호기심 많은 소는 텐트 안을 들여다보기도 했다. 저리 가라고 내쫓아도 태평했다.

방목지에서 야영할 때는 소들을 조심해야 한다. 작년에 라카포시 베이

스캠프에서 야영할 때, 어떤 녀석이 내 텐트 밖으로 빠져나온 스틱을 물고 가서 손잡이를 질겅질겅 씹어 놓은 적이 있다. 농축된 풀처럼 끈적끈적한 소의 침은 물에도 잘 씻기지 않았다. 다른 일행의 양말을 물고 가서 껌처럼 만들어버리기도 했다.

식당 텐트로 현지인 할아버지 한 명이 찾아왔다. 할아버지 손가락에 두꺼운 물집이 잡혀 있었다. 어떻게 해야 할지 난감했다. 일단 묵은 때가 낀 할아버지의 손을 물티슈로 닦고, 바늘을 소독한 뒤 물집을 터뜨려 짜냈다. 얼마나 아픈지 할아버지는 눈을 꼭 감고 알라에게 기도했다. 물집의 체액을 빼내고 소독하는 데만도 꽤 시간이 걸렸다. 나는 연고를 바르고 밴드가 떨어지지 않게 반창고로 마무리했다. 그러면서도 이게 맞는 방법인지는 자신이 없었다.

1시간 40분 만에 올모초믹에 도착했다. 이렇게 가까운 줄 알았으면 바로 내려왔어도 될 뻔했다. 마을은 아름다웠다. 넓은 경작지에, 길마다 야생화가 넘쳤다. 꽃밭에 들어가서 너도나도 사진을 찍었다. 아침 8시 반이었지만 우리는 이곳에서 야영하기로 했다. 일정대로라면 탈레까지 걸어가야 했지만 이곳까지 차가 들어온다 길래 그렇게 정했다. 만약 일정을 줄이고자 한다면 여기서 차로 6시간 걸리는 칸데까지 바로 갈 수도 있다. 우리는 다음날 카풀루 호텔에서 쉴 예정이라 굳이 서두르지 않았다.

올모초믹은 다른 마을에 비해 물이 풍부했다. 마을 앞으로 큰 강이 흘렀다. 야영지 부근의 땅 속에서 물이 흘러나왔다. 그중 한 곳엔 돌담이 둘러져 있었다. 흔적을 보니 화장실로 이용하는 듯했다. 나는 빨랫감을 가득 들고 미리 물색해 둔 물가로 향했다. 맑고 차가운 물이 콸콸 솟아나는 걸 보니 절로 상쾌했다. 야영지는 순식간에 일행들과 스태프들이 널어놓은 빨래가 가득했다. 모두가 쉬면서 정비하는 시간, 그 중심에는 늘 빨래가 있었다.

떠나는 날 아침 두블라칸에서 물집 때문에 왔던 할아버지가 다시 찾아왔다. 물집이 다시 부풀어 올라 있었다. 내 치료가 신통치 않았던 것이다.

떠나기 전에 뭔가 조치를 해야 하는데 아는 방법이 없으니 답답했다. 그때 B님이 군대에서 하는 방법이라며 항생제 가루를 빻았다. 그러곤 할아버지 손가락에 가루를 뿌리고 붕대를 감아 주었다. 이렇게 하면 더는 물집이 부풀지 않고 딱지가 생길 거라고 했다. 얼마나 고맙던지 역시 백가 이버님이었다. 그는 도움에 인색하지 않으면서 구사하는 방법도 신통했다. 나는 그제야 마음을 놓고 마을을 떠날 수 있었다.

올모초믹에서 사진 찍는 이브라힘과 샤민

이크발탑, K2 뷰포인트

칸데에 도착하자마자 우리는 짐만 내려놓고 다른 차로 옮겨 탔다. 이브라힘의 집에 가기 위해서였다. 후세 입구에 있는 그의 집에 도착하자 아이들이 우르르 몰려나왔다. 녀석들은 아빠에게 안기고 매달려 떨어질 줄 몰랐다. 얼마나 기다렸는지, 얼마나 보고 싶었는지를 온몸으로 표현했다. 이브라힘이 집을 떠난 지 40일이니 되었으니 그럴 만도 했다. 특히 딸들이 좋아하는 모습이 인상적이었다. 다른 집에서 본 딸들은 표정이 어둡고 주눅이 들어있는 경우가 많았다. 이브라힘의 딸들은 달랐다. 예쁘기도 했지만 밝고 씩씩했다. 딸들은 아빠를 꼭 붙잡고 떨어지지 않았다. 아이들을 바라보는 이브라힘은 세상에서 가장 행복한 아빠가 되었다. 행복해하는 이브라힘과 그의 가족들의 대대적인 환영에 우리도 덩달아 기분이 좋았다. 이제 나는 이브라힘이 전혀 다르게 보였다. 가족에게 진심으로 환영받는 사람, 그 자체로 참 멋졌다.

그의 집은 우리가 방문했던 모든 집의 종합판이라고 할만 했다. 깨끗하게 정돈된 방으로 그의 형제들이 음식을 차례로 내왔다. 이브라힘에게 벽에 걸린 잘생긴 청년의 사진에 관해 물었다. 그는 자신의 25살 때 모습이라고 했다. 우리가 의외라는 표정을 짓자 이브라힘은 모자를 들어 올리며 지금은 머리가 많이 빠졌다며 웃었다. 이렇게 잘생긴 청년이었다니 여러 가지로 이브라힘의 새로운 모습을 발견하는 날이었다.

저녁에는 마지막으로 샤민의 집을 방문했다. 샤민의 아버지는 N님과

이브라힘과 그의 딸들

이브라힘의 초대

칸데 가는 길에 만난 여인들

특별한 인연이 있었다. 그는 몇 년 전 N님의 가이드였는데 빙하 트레킹에서 크레바스에 빠질 뻔했던 그녀를 도와주었단다. 헤어질 때 가이드가 눈물을 흘렸을 만큼 고생도 많이 하고 의지도 많이 됐던 트레킹이었다고. 그렇게 각별했던 인연이 그의 아들을 통해 이어진 것이다. 만날 인연은 어떻게든 만나게 되는 것 같다.

칸데에서 머무는 동안 다른 일행들은 방에서 지냈고, N님과 나는 살구나무 아래에서 야영 했다. 둘이 같이 걷는 시간이 길어지다 보니 자연스럽게 대화할 시간도 많았다. 사실 처음에는 그녀의 화려한 트레킹 경력이 자랑처럼 여겨졌었다. 이제는 그녀의 이야기에 귀를 기울이게 됐다. 죽을 고비를 넘기고, 스스로 찾은 건강으로 히말라야를 비롯한 세계 오지를 다니는 그녀였다. 그래서인지 항상 긍정적이고 감사하는 마음을 갖고 있었다. N님은 나이가 들수록 많이 베풀고 잘 입어야 한다는 말을 자주 했다. 나이 들어 궁색한 것만큼 미운 것도 없다면서. 나는 그녀가 가족의 전폭적인 지지를 받으며 고산 트레킹을 다니는 것도 놀라웠다. 그런 상황이 거저 얻어진 게 아니라서 더 그랬다.

누군가가 여행 가이드에게 물었단다. 여행을 하다 보면 진상들도 많이 만날 텐데 그들을 모두 어떻게 상대하느냐고. 대답이 걸작이었다. "진상도 있지만 멋진 분들도 많다."고. 그 말을 듣는 순간 요즘 말로 '현타'가 왔다. 나는 낯선 사람들과 여행을 하면서 진상에 대해서만 걱정했다 나도 진상이 될 수 있다는 것과 멋진 분들이 있다는 사실을 망각한 채. 내가 진상들에게 집중할수록 나는 그들을 욕하면서 닮게 될 것이고, 멋진 분들에게 집중할수록 풍요로워지고 고마운 마음도 커질 것이다. 좋은 사람에게 집중하는 것, 아름다운 풍경을 만나는 것만큼이나 여행의 축복이 아닐까.

이번 여정에서는 칸데 사람들을 포터로 고용했다. 짧은 일정이지만 18명이나 됐다. 트레킹은 칸데 입구의 다리부터 시작됐다. 이 루트는 특이하게도 평지라는 게 없었다. 꽤나 가파른 오르막이 지속적으로 이어졌다. 트레킹을 위한 길이라기보다 마을 사람들이 방목을 위해 잠깐씩 다녔던 길이었다. 이보다 더는 가파를 수 없겠다 싶은 너덜지대(돌이 많이 흩어져 있는 비탈지대)에서는 다들 자주 쉬었다. 걸음을 뗄 때마다 다리가 뻐근했다.

포터들이 야영지라며 멈춘 소스(Sos)에는 아무것도 없었다. 곰바라(Gomba La)에 넓은 자리가 기다리고 있었지만 오후에는 물이 불어 계곡을 건널 수 없었다. 스태프들은 미리 준비한 곡괭이와 삽을 동원해서 좁고 가파른 땅에 자리를 만들기 시작했다. 돌을 캐내고 땅을 파서 간신히 자리 세 개를 만들었다. 남자 둘과 여자 둘이 각각 한 텐트를 쓰고 나머지 일행이 혼자 텐트를 쓰기로 했다.

N님의 짐을 담당하는 포터 무사는 22살 대학생이라고 했다. 그는 샤민처럼 방학 동안 잠깐 아르바이트 중이었고 둘은 사촌지간이었다. 활달한 성격의 무사는 우리가 무슨 부탁을 하든 오케이부터 했다. 텐트 아래에 계단을 만드는 중에도 우리에게 계속 말을 시키고 싶어 했다. 나도 나이가 들었는지 그런 무사가 귀엽고 예쁘게 보였다.

아침에 계곡을 건너는데 물살이 상당했다. 어제 건너지 못한 이유가 이해가 갔다. 포터들은 우리가 건널 수 있도록 배낭과 스틱을 받아주었다. 우리는 그들의 안내대로 조심조심 발을 옮겼다. 더러는 손을 잡아주기도 했다. 이런 난코스를 만나면 한바탕 전쟁을 치른 것 같은 기분이 든

샤민과 무사

비박하는 포터들

다. 다시 시작되는 오르막, 엄청난 경사다. 다들 좀비처럼 느릿느릿 걸었다. 위에는 어떤 풍경이 펼쳐질지 몰라도 당장 너무 가파르다보니 트레킹으로는 매력이 없어 보였다.

쿨리브랑사까지 2시간밖에 걸리지 않았다. 발 빠른 사람이라면 칸데에서 하루 만에도 가능할 듯했다. 쿨리브랑사는 이크발탑 베이스캠프 같은 곳이었다. 넓고 푸른 초원에 물도 깨끗했다. 뒤에는 빙하와 설산이 펼쳐져 있고 앞은 뻥 뚫려서 조망 역시 탁월했다. 아무것도 안 하고 있어도 좋을 곳이었다.

계획대로라면 이크발탑 정상에서 하루 더 야영할 예정이었다. 우리는 이틀 모두를 여기서 보내기로 했다. 정상에 물이 없어서 포터들이 모두 지고 올라가야 했고 무엇보다 다들 이곳을 마음에 들어 했다.

현지 여행사에서 제공한 후반부 일정은 유람이나 다름없었다. 짧은 코스에 비해 일정이 너무 길었다. 하루에 걷는 시간이 3시간을 넘지 않았다. 내 생각에 이곳은 하산을 포함해 3일이면 충분했다. 마지막 트레킹이었던 나는 최대한 여유를 즐겼다. 점심을 먹고 혼자 근처 언덕 위로 올라가 바라본 야영지는 가히 환상적이었다. 그동안 멋진 야영지를 두루 경험했지만 여긴 으뜸 중에서도 으뜸이었다. 파키스탄 북부에서 여름은 야생화가 절정일 때였다. 쿨리브랑사도 예외가 아니었다. 발에 걸리는 게 온통 야생화였다.

아침을 먹고 천천히 이크발탑으로 향했다. 여기도 경사가 만만치 않았다. 맨 위쪽은 암벽 등반 수준이라 포터들이 기다렸다가 손을 잡아줬다. 이크발탑은 카라코람의 8000미터 고봉들이 모두 조망되는 곳이었다. K2, 브로드피크, 가셔브룸 등 내로라하는 웅장한 산군이 한눈에 들어왔다. 과연 K2 뷰포인트라고 불릴 만했다. K2 트레킹을 하면서 베이스캠프까지 다녀오고, 이곳에 올라와 그 산들을 한 번에 바라본다면 멋지지 않을까? K2 트레킹과 이곳을 연계한다면 완벽한 트레킹 코스가 되겠다는 생각도 들었다.

이곳에서 오랜 시간을 보내며 포터들과 정말 많은 사진을 찍었다. 유수프가 따뜻한 물을 챙겨온 덕분에 아름다운 산을 마주하며 커피 한 잔을 마시는 여유도 가졌다. R님이 마지막 오징어를 모두와 기꺼이 나누었다. 우리는 이크발탑을 내려와서도 한동안 꽃밭을 떠나지 않았다. 이번 여정에서 무엇보다 좋았던 것은 설산 아래 초지에서 만난 야생화였다. 내가 생각했던 히말라야와는 전혀 다른 이미지였다. 거친 설산과 황량한 아름다움도 좋았지만, 야생화 가득한 한여름의 히말라야가 더 좋았다.

우리는 하루 만에 하산해서 칸데로 돌아왔다. 이제 공식적인 트레킹은 모두 끝났다. 중간에 힘들어한 일행도 있었지만 모두 끝까지 걸었다. 트레킹이 끝나자 다들 가지고 있던 장비를 스태프들에게 나눠주었다. 나는 쓰던 장비를 남에게 주는 편은 아니지만 왠지 이번에는 동참해야 할 것

쿨리브랑사 야영지

같았다. 곧바로 북인도 히말라야로 떠나야 해서 여유 있는 장비 몇 개만 나누었다. N님은 그야말로 탈탈 털었다. 누가 봐도 탐날 물건을 깨끗하게 빨아서 나눠줬다.

다음 일정을 위해 스카루드에 도착했을 때 사키에게 연락이 왔다. 이슬라마바드로 가는 도로 사정이 좋지 않다고. 우리는 데오사이 국립공원에서 약간의 관광을 한 후 차량으로 돌아갈 예정이었다. 사키는 다른 한국 팀이 길기트까지 가지 못해서 차 안에서 잤다면서 국내선으로 이동할 것을 권했다. 할 수 없이 비행기 일정을 위해 남은 일정을 모두 취소했다. 취소가 아쉬우면서도 묘하게 안심이 됐다. 집에 있을 때 산이 그립더니 산에 있으니 집이 그리웠다. 여행과 사람에 대한 피로도 무시할 수 없었다.

우리는 비행기 일정에 맞춰 스카루드에서 며칠 더 보냈다. 그 사이 이크발 사장이 우리를 집으로 초대했다. 콘크리트 건물로 된 그의 집은 넓고 컸다. 집 옆으로 상가건물과 정원도 있었다. 이크발은 포터로 시작해서 가이드가 되었다. 이크발탑도 그가 발견한 곳이다. 지금은 잘 나가는 여행사 사장이 되어서 여름 시즌마다 매우 바쁘다. 그러기까지 한국인들의 도움을 많이 받았다며 고마워했다. 그는 백숙을 비롯해 입이 떡 벌어질 정도로 많은 음식을 준비했다. 이번 여행에서는 정말 많은 집에 초대받았다. 덕분에 귀한 경험을 했다.

스카루드를 떠나는 날. 나는 팁 봉투에 한명 한명의 이름을 쓰고, 한글로 '고맙습니다'라고 적었다. 팁은 휴일까지 계산해서 넉넉하게 넣었다. 비록 계획한 일정을 다 마치진 못했지만 원했던 트레킹은 모두 마쳤다. 자잘한 사고가 있었어도 대체로 운이 좋았다. 하산하거나 이동할 때, 휴식할 때만 비가 내렸다. 소소한 갈등이 큰 문제로 발전하지는 않았다. 도로 사정이 안 좋은 걸 미리 알게 되어 비행기 표를 구할 수 있었다.

점점 멋지게 변해가는 티싸르의 만주르, 아란두의 포터대장 핫산, 책임감이 강한 티싸르의 사비르, 요리 솜씨가 날로 발전하는 스롱고의 유수프, 예쁜 딸들과 사는 후세의 이브라힘, 애교 많은 칸데의 샤민. 잘나가는 스카루드의 여행사 사장 이크발까지. 모든 스태프의 집에 초대받았던 것은 정말 멋진 일이었다.

* * *

떠나는 날, 함께했던 모든 스태프들이 공항으로 나왔다. 모두와 일일이 악수를 하며 마지막 인사를 나누었다. 무엇보다 그 자리에 있던 모두에게 좋은 마음이라서 다행이었다. 히말라야로 다시 돌아올 것을 알기에 나는 이번에도 다음을 기약했다. 다음을 기약하는 일이 뜻대로 잘 되진 않더라도 돌아올 것이라는 사실은 변함없을 것이다.

잠시 동안 그들 모두에게 찰나의 안녕과 고마움을 전한다. 모두의 무사함에 대해, 그곳에 계신 신께도.

스카루드를 떠나는 날 공항에서 스태프들과 함께

지금 당장의 거친 계획이 나중에 하는 완벽한 계획보다 낫다는 말이 있다.

2018년 파키스탄에 가기로 마음먹었을 때 처음엔 국내 여행사를 이용할 생각이었다. 현지 여행사와 연락해서 직접 여행을 준비할 자신이 없었기 때문이다. 굳이 그렇게까지 애쓰고 싶지도 않았다. 네팔이면 몰라도 낯선 나라 파키스탄은 여러 가지로 어렵게 다가왔다.

어떻게든 히말라야에 계속해서 가야 할 운명이었던 모양이다. 망설임과 고민 끝에 결국 스스로 준비해보기로 했다. 번역기를 돌려가며 현지 여행사 매니저와 연락을 주고받고, 먼저 다녀온 이들의 도움으로 조금씩 여행을 준비했다. 인터넷으로 사람을 모집하고 그들과 예비 모임을 가졌다. 안개 속처럼 흐릿하던 계획이 어느덧 신기할 정도로 선명해졌다. 이 모든 과정이 내게 새로운 세계이자 경험이었다.

이게 되는구나!

그토록 가고 싶어 했던 여러 나라의 히말라야가 열리는 순간이었다. 어렵다고 생각했던, 불가능하다고 생각했던 일이 현실이 되는 순간의 감동이란. 빙하와 야생화 사이에서 잠시 정적에 휩싸였던 순간만큼 황홀하고 완전했다.

그렇게 다녀온 파키스탄 여정은 겉으로는 순탄했지만 내 속은 내내 시끄러웠다. 시간이 흐르고 글로 정리하면서야 나는 당시를 어느 정도 객관화할 수 있게 됐다. 제3자가 되어 나를 보고 그들을 돌아보았다. 내가 문제라고 생각하면서 정말 문제가 된 것들이 많았다. 삶은 멀리서 보면 희극이지만 가까이에서 보면 비극이라더니, 정말 그랬다. 그렇게 서툰 인생의 한 부분을 마쳤고, 앞으로 비슷한 과정이 더 남아 있음을 이해했다. 그게 내 인생에서 겪어야 할 과정이라면 기꺼이 받아들일 마음도 생겼다. 그러다 적절한 순간이 오면, 더는 불필요한 감정에 휘둘리지 않는 날도 있으리라 기대하면서.

우리나라의 산을 다닐 때부터 되도록 서울에서 먼 곳으로 갔다. 남도의 산들, 지리산과 덕유산, 소백산, 설악산. 그때는 아무리 먼 곳의 산도 멀다고 생각하지 않았다. 아니 멀수록 좋았다. 그런데 어느 날부터인가 지리산이 멀게 느껴졌다. 설악산도 마찬가지였다. 몇 시간 버스를 타거나 몇 시간 운전해서 가야 해도 피곤하지 않던 곳이 지금은 히말라야보다 먼 곳이 되었다.

이제 나에게 가깝게 느껴지는 산은 히말라야다. 더 번거로운 절차와 준비, 시간이 필요한데도 그렇다. 그러나 지리산과 설악산이 그랬듯, 히말라야도 언젠가는 멀어질 날이 올 것이다. 때가 오면 애쓰지 않아도 자연스럽게 멀어질 것이고 나는 다른 재미난 것에 몰두할 것이다.

그러기 위해선 미련이 없어야 한다. 미련 없이 다녀봐야 미련 없이 떠날 수 있다. 원 없이 걷고, 원 없이 여행하다 보면 간절함이 일상으로 돌아간다. 그런 날이 올 때까지 내가 향하는 곳은 여전히 히말라야가 될 것이다.

2020년에는 누구나 아는 이유로 히말라야의 어느 곳도 갈 수 없었다. 약 7개월간의 여정이 모두 취소되었고, 여행은 2021년에서 다시 2022년으로 미뤄졌다. 오랜 시간 칩거하며 되도록 집 밖을 나서지 않았다. 그러다 바깥소식이 잠잠해질 때는 잠시 아르바이트를 하고 종종 내 고향 강화도의 산을 찾았다. 여행은 멈추었지만 그동안 하지 못했던 것들을 차례대로 해나가는 기회이기도 했다. 그간의 여행을 글로 옮겼고, 그 중 하나의 이야기가 이렇게 빛을 보게 되었다.

잠시 멈춤의 시간은 나에게 정리하고 다시 준비할 시간을 주었다. 정리할 시간도 없이 히말라야만 찾았다면 내게는 인간에 대한 피로와 절망감만 남았을지 모른다. 아름다운 히말라야를 두고도 원망이 가득한 마음이었을지도 모른다.

멈춤의 시간은 나를 돌아보고 타인을 이해하는 소중한 시간이 되었다. 이제 나는 조금 더 잘해 볼 용기가 생겼다. 여전히 히말라야를 기다리지만 서두르지 않을 생각이다. 때가 되면 다시 떠날 수 있을 것이고, 좋은 사람들과 좋은 마음으로 걷게 될 것을 믿기에 차분히 기다리는 중이다.

끝으로, 책구름 출판사와의 인연에 감사드린다. 어느 날 나에게 히말라야가 들어온 것처럼 책구름이 그랬다. 이제야 임자를 만난 것 같이 안심되고 기분 좋은 느낌. 함께 성장하고 싶다.

나의 부모님과 동생들, 아낌없이 응원해주시는 모든 분께 감사를 전한다.

부록1. 거칠부의 파키스탄 히말라야 트레킹 전체 일정

지역/총이동거리	일	일정	숙박	소요시간	거리(Km)	걸음 수
낭가파르바트 베이스캠프 (북/남) 59.6km	1	인천 – 이슬라마바드Islamabad	호텔	–	–	–
	2	이슬라마바드 – 나란밸리Naran Valley – 바부사르탑Babusar Top(4,170) – 칠라스Chilas : 차량 14시간 30분	호텔	–	–	–
	3	칠라스 – 라이코트 브릿지Riakot Bridge – 타토Tato(2,600) –젤(Jhel 2,666) : 차량 6시간 / – 페어리 메도우Fairy Meadows(3,306)	로지	1:30	5	8,636
	4	페어리 메도우 – 베얄Beyal(3,500) – 뷰포인트View Point(3,667) – 낭가파르바트 베이스캠프(3,967) – 페어리 메도우	로지	6:00	19.2	26,644
	5	페어리 메도우 – 타토 / – 라이코드 브릿지 – 타라싱Tarash-ing(2,911) : 도보 및 차량 3시간 30분	로지	1:15	5.8	9,991
	6	타라싱 – 루팔Rupal(3,100) – 바진캠프Bazhin Camp (헬리콥터 베이스캠프 3,550)	캠핑	4:20	12.8	17,843
	7	바진캠프 – 바진빙하Bazhin Glacier – 타라싱	로지	5:00	16.9	24,741
	8	타라싱 – 데오사이국립공원Deosai National Park – 스카르두Skardu(2,400) : 차량 9시간	호텔	–	–	–
	9	스카르두 휴식	호텔	–	–	–
비아포- 히스파르 빙하 163.5km	10	스카르두 – 다쑤Dassu – 아스콜리Askoli(3,000) : 차량 7시간	캠핑	–	–	–
	11	아스콜리 – 케사르Kesar(3,090) – 남라Namla(3,300)	캠핑	7:00	18.6	27,578
	12	남라 – 망고 브랑사Mango Brangsa(3,730)	캠핑	4:00	10.3	14,974
	13	망고 브랑사 – 샤통Shatung(3,930) – 바인타Baintha(4,050)	캠핑	6:20	16.3	23,768
	14	바인타 휴식 / 가벼운 산책	캠핑	4:00	6.2	9,551
	15	바인타 – 낙포고로Nakpogoro(4,380) – 마르포고로 Marpogoro(4,410)	캠핑	4:40	14.2	20,356
	16	마르포고로 – 카르포고로Karpogoro(4,583)	캠핑	4:05	12.5	17,712
	17	카르포고로 – 스노레이크Snow Lake – 히스파르라Hishpar La(5,150)	캠핑	7:25	17.2	24,843
	18	히스파르라 – 카니바사Khani Basa(4,500)	캠핑	5:00	13.1	19,278
	19	카니바사 – 박투르바익 굿델룸Baktur Baig Gut Delum(4,470)–하구레 산갈리 참Hagure Shangali Cham	캠핑	5:00	14.1	20,459
	20	하구레 산갈리 참 – 시캄바리스Shiqam Baris(4,170) – 울룸부룸 분Ulum Burum Bun	캠핑	5:00	14.3	21,073

지역/총이동거리	일	일정	숙박	소요시간	거리 (Km)	걸음 수
	21	울룸부룸 분 – 비탄말Bitanmal(3,808) – 달타나스Dhaltan- as(3,700) – 팔로리미키시Palolimikish(3,630)	캠핑	6:15	26.7	39,626
	22	팔로리미키시 – 히스파르Hispar(3,383) / – 훈자Hun- za(2,500) : 도보 및 차량 4시간 45분	호텔	3:00	–	–
	23	훈자 휴식	호텔	–	–	–
라카포시 베이스캠프 29.3km	24	훈자 – 미나핀Minapin(2,012) / – 하파쿤Hapakun(2,804) : 차량 1시간 30분 및 도보	캠핑	3:15	10.9	16,234
	25	하파쿤 – 타가파리Tagaphari(3,261, 라카포시 베이스캠프) / 언덕 산책	캠핑	3:30	8	12,529
	26	타가파리 – 미나핀 / – 길기트Gilgit : 도보 및 차량	호텔	2:30	10.4	17,999
	27	길기트 – 스카루드 : 차량 8시간 30분	호텔	–	–	–
	28	스카루드 휴식	호텔	–	–	–
K2 베이스캠프 –브로드피크 베이스캠프– 가셔브룸 I · II 베이스캠프 –곤도고로라 220.3km	29	스카루드 – 아스콜리 : 7시간 15분	캠핑	–	–	–
	30	아스콜리 – 케사르 – 코로폰Korophon(3,000) – 줄라Jou- la(3,218)	캠핑	6:35	21.7	31,659
	31	줄라 – 스캄촉Skamtsok(3,295) – 파유Paju(3,407)	캠핑	5:50	22.2	32,902
	32	파유 휴식	캠핑	–	–	–
	33	파유 – 파케르캠프Faker Camp(3,500) – 캠프(3,600)	캠핑	4:20	14.7	21,369
	34	캠프 – 발토로빙하Baltoro Glacier – 호불체Khoburtse(3,816)	캠핑	4:20	9.9	14,618
	35	호불체 – 우르두카스Urdukas(4,168)	캠핑	2:20	7.3	10,813
	36	우르두카스 – 고로I Goro I(4,300) – 고로II Goro II(4,319)	캠핑	4:00	14.2	20,792
	37	고로II – 군 캠프Army Camp – 콩코르디아Concordia(4,575)	캠핑	4:40	15.1	21,869
	38	콩코르디아 휴식	캠핑	–	–	–
	39	콩코르디아 –브로드피크 베이스캠프Broad Pk. BC(4,850) – 메모리얼Memorial – K2 베이스캠프(4,980)	캠핑	5:25	16.5	23,833
	40	K2 베이스캠프 – 콩코르디아	캠핑	3:20	13.9	20,090
	41	콩코르디아 – 군 캠프 – 사크링Shaqring(4,800)	캠핑	2:20	8.3	11,967

지역/총이동거리	일	일정	숙박	소요시간	거리(Km)	걸음 수
	42	사크링 – 군 캠프 – 가셔브룸 I · II 베이스캠프(5,156) / ↔ 뷰포인트View Point	캠핑	4:00	17.3	25,182
	43	가셔브룸 I · II 베이스캠프 – 사크링 – 콩코르디아	캠핑	4:10	17.5	25,380
	44	콩코르디아 대기	캠핑	–	–	–
	45	콩코르디아 – 비그네빙하Vigne Glacier – 알리캠프Ali Camp(4,965)	캠핑	3:45	12.2	17,652
	46	알리캠프 – 곤도고로라Gondogo La(5,625) – 후스팡Khus-pang(4,695)	캠핑	6:50	11.2	17,072
	47	후스팡 – 달삼파Dalsampa(4,170) – 고롱Golong – 곤도고로캠프Gondogro Camp – 사이초Saicho(3,434)	캠핑	4:20	18.3	27,768
	48	사이초 휴식	캠핑	–	–	–
K6 · K7 베이스캠프 46.9km	49	사이초 – 창킬Changkhil – 스팡세르Spangser(4,000) – 안캄Ankam(4,025)	캠핑	4:30	12.1	17,673
	50	안캄 – 차라쿠사빙하Charakusa Glacier – K6 · K7 베이스캠프(4,600)	캠핑	2:30	7.2	10,414
	51	K6 · K7 베이스캠프 – 안캄 – 스팡세르 – 창킬 – 사이초 – 후세Hushe(3,050)	호텔	8:10	27.6	41,487
	52	후세 – 칸데Kande(2,900) : 차량 30분	홈스테이	–	–	–
아민브락 베이스캠프 24.7km	53	칸데 – 낭마계곡Nangma Valley – 조르티Jorti – 밍굴로브록 Mingulo Broq(3,600)	캠핑	2:35	8.8	13,532
	54	밍굴로브록 – 소톨파계곡Sotolpa Valley – 아민브락 베이스캠프Amin braq BC(4,318)	캠핑	2:40	5.3	7,831
	55	아민브락 베이스캠프 – 칸데	홈스테이	3:25	10.6	18,625
	56	칸데 – 카풀루Khaplu – 스카루드 : 차량 5시간	호텔	–	–	–
이슬라마바드	57	스카루드 – 이슬라마바드 : 국내선 1시간	호텔	–	–	–
	58	스카루드 휴식	호텔	–	–	–
	59	스카루드 휴식	호텔	–	–	–
	60	이슬라마바드 – 인천 : 국제선	합계	–	544.4	806,363

지역/총이동거리	일	일정	숙박	소요시간	거리(Km)	걸음 수
	1	김포 – 이슬라마바드 : 국제선	호텔	–		
	2	이슬라마바드 – 길기트Gilgit / – 훈자 : 국내선 1시간 및 차량 2시간 30분	호텔	–		
	3	훈자 휴식 / 미니트레킹	호텔	3:30	15.48	21,387
	4	훈자 – 파수Passu – 심샬Shimshal(3,000) : 차량 5시간 / 미니 트레킹	로지	2:00	5	6,900
	5	심샬 – 마이클 브릿지(Michael Bridge) – 가르에사르Gar-e-Sar(3,502) – 워치푸르진Wuch Furzeen(3,365)	캠핑	7:20	19.51	29,454
심샬 파미르 144.4km	6	워치푸르진 – 푸리엔에벤Purien-e-Ben(3,596) – 푸리엔에사르Purien-e-Sar(3,916) – 아르밥푸리엔Arbab Purien(3,931)	캠핑	5:30	15	20,987
	7	아르밥푸리엔 – 쉬제랍Shujerab(4,350) – 압둘라 칸 마이단(Abdulla Khan Maidan) – 심샬호수(Shimshal Lake) ↔ 심샬패스Shimshal Pass(4,735)	캠핑	7:50	28.76	37,892
	8	심샬호수 ↔ 심샬패스 – 쉬제랍 – 볼리우오다쉬트Voliuo Dasht(4,150)	캠핑	5:00	19.72	26,121
	9	볼리우오다쉬트 – 아르밥푸리엔 – 워치푸르진	캠핑	6:30	22.3	31,199
	10	워치푸르진 – 심샬	로지	5:30	18.64	26,809
	11	심샬 – 파수 / 보리트호수Borith Lake – 서스펜션 브릿지Suspension Bridge : 차량 3시간	호텔	–	–	–
	12	파수 – 쿤제랍패스Kunjerab Pass(4,733) – 길기트 : 차량 8시간	호텔	–	–	–
	13	길기트 – 스카르두 : 차량 15시간	호텔	–	–	–
	14	스카르두 휴식	호텔	–	–	–
스판틱 베이스캠프 96.3km	15	스카르두 – 아란두 야영장 : 차량 6시간	캠핑	–	–	–
	16	아란두 야영장 – 아란두Arandu(2,770) – 초고브랑사Chogo Brangsa(3,322)	캠핑	6:10	18.9	27,114
	17	초고브랑사 – 쿠루말Khurumal – 볼로초Bolocho(3,800)	캠핑	6:15	16	26,289
	18	볼로초 – 스판틱 베이스캠프Spantik BC(4,310)	캠핑	6:00	14.47	22,726
	19	스판틱 베이스캠프 – 볼로초 – 쿠루말	캠핑	7:20	23	35,776
	20	쿠루말– 초고브랑사 – 아란두 – 아란두 야영장	캠핑	5:40	24	34,327
	21	아란두 야영장 – 시가르Shigar – 아스콜리 : 차량 8시간	캠핑	–	–	–
	22	아스콜리 휴식	캠핑	–	–	–

지역/총이동거리	일	일정	숙박	소요시간	거리 (Km)	걸음 수
라톡 베이스캠프 121.3km	23	아스콜리 – 코로폰Korophon(3,000) – 어퍼줄라Upper Jhula(3,218)	캠핑	6:45	22	35,922
	24	어퍼 줄라 – 판마Panmah – 동론바Donglonba(3,647)	캠핑	6:20	17.64	28,024
	25	동론바 – 라미독파Lamidokpa(4,100)	캠핑	4:40	11.8	19,850
	26	라미독파 – 라톡 베이스캠프Latok BC(4,400)	캠핑	4:10	10.4	16,448
	27	라톡 베이스캠프 – 라미독파 – 동론바	캠핑	7:25	21.35	34,127
	28	동론바 – 속냅 – 어퍼줄라	캠핑	4:20	16.2	25,163
	29	어퍼줄라 – 코로퐁 – 아스콜리	캠핑	5:30	22	32,294
	30	아스콜리 휴식	캠핑	–	–	–
탈레라 44.2km	31	아스콜리 – 시가르 – 발전소 : 차량 4시간 30분	캠핑	–	–	–
	32	발전소 – 바우마하렐Bauma Harel(3,450)	캠핑	4:00	13	19,647
	33	바우마하렐– 다세르파Daserpa(3,500) – 카르포홈부Karpohombu(4,420)	캠핑	6:00	13.14	20,521
	34	카르포홈부 – 탈레라Thalle La(4,876) – 탈레캠프Thalle Camp(3,850) – 두블라칸Dubla Khan(3,740)	캠핑	4:00	11.57	16,008
	35	두블라칸 – 올모초믹Olmo Chomik(3,423)	캠핑	1:40	6.5	8,957
	36	올모초믹 – 카풀루Khaplu : 차량 3시간	호텔	–	–	–
	37	카풀루 – 칸데 : 차량	깁핑			
	38	칸데 휴식	캠핑	–	–	–
이크발탑 26km	39	칸데 – 다리 – 아포브락Apo Braq – 소스Sos	캠핑	3:30	6.5	7,443
	40	소스 – 곰바라Gomba La – 쿨리브랑사Quli Brangsa(4,534)	캠핑	2:00	3.5	2,747
	41	쿨리브랑사 ↔ 이크발탑Iqbal Top(4,850)	캠핑	2:00	3	4,300
	42	쿨리브랑사 – 아포브락 – 칸데	캠핑	4:00	13	18,358
	43	칸데 – 스카루드 : 차량	호텔	–	–	–
	44	스카루드 휴식	호텔	–	–	–
	45	스카루드 – 이슬라마바드 : 국내선	–	–	–	–
	46	이슬라마바드 – 인천 : 국제선	합계	–	432.38	636,790

부록2. 참고 자료

단행본

『K2 트레킹』 리릭, 지식과 감성

『The Beauty of Pakistan』 Aamir Rashid

『Trekking in the Karakoram & Hindukush』 John Mock, Lonely Planet

『걷는 고래』 J. G. M. 한스 테비슨, 김미선 옮김, 뿌리와 이파리

『검은 고독 흰 고독』 라인홀트 메스너, 김영도 옮김, 필로소픽

『나는 계속 걷기로 했다』 거칠부, 궁리

『데미안』 헤르만 헤세, 구기성 옮김, 문예출판사

『등산이 내 몸을 망친다』 정덕환, 안재용, 윤현구, 비타북스

『등산상식사전』 이용대, 해냄

『마살라! 파키스탄 25달』 김용규, 밥북

『문명으로 읽는 종교 이야기』 홍익희, 행성B

『빙하의 반격』 비에른 로아르 바스네스, 심진하 옮김, 유아이북스

『신들의 정원, 하늘길을 걷다』 유영국, 서영

『우르두어 첫걸음』 안병민, 언어평등

『우리가 모르는 이슬람 사회』 김동문, 세창출판사

『유라시아 견문2』 이병한, 서해문집

『이희수 교수의 이슬람』 이희수, 청아출판사

『인도와 파키스탄』 조길태, 민음사

『죽기 전에 꼭 봐야 할 자연 절경 1001』 마이클 브라이트, 이경아 옮김, 마로니에북스

『카시미르&라다크 트레킹 上』 리릭, 지식과 감성

『파키스탄 카라코람 하이웨이 걷기 여행』 진우석, DAEWONSA

『평범한 사람들의 히말라야 14좌 2』 서지나, 최찬익, 그러나

『히말라야 도전의 역사 Fallen Giants』 모리스 이서먼 · 스튜어트 위버, 조금희 · 김동수 옮김, 하루재클럽

『히말라야 14좌 베이스캠프 트레킹』 김영주, 원앤원스타일

방송 및 잡지

EBS 세계테마기행, 문명의 교차로 파키스탄

YouTube 채널 효기심, 역사는 반복된다 - 이슬람편

월간 〈사람과 산〉 세계의 산, 아민브락

월간 〈산〉 파키스탄 히말라야 대탐험 시리즈, 김창호

월간 〈조선〉 한필석의 山이야기-카라코룸 히말라야 히스파르 패스 트레킹, 한필석

웹 사이트

workdic : https://blog.naver.com/workdic

유목민 멍돌이 : https://blog.naver.com/kimss777777

웰컴투파키스탄 : https://cafe.daum.net/pakistantour

아름다운 날들 : https://blog.daum.net/nhhbear

원더풀 마인드 : https://www.facebook.com/wonderfulmind.co.kr

외교부 : http://www.mofa.go.kr/www/index.do

임곡산악회 : http://www.imgok.org

한국산악회 : http://cac.or.kr

[네이버 지식백과] 히말라야 (시사상식사전, pmg 지식엔진연구소)

[네이버 지식백과] '히말라야산맥 [Himalayas] (두산백과)

[네이버 지식백과] 파키스탄 [Pakistan, 巴基斯坦] (두산백과)

[네이버 지식백과] 파키스탄 [Pakistan, Islamic Republic of Pakistan] (한국민족문화대백과, 한국학중앙연구원)

거칠부의 환생의 길, 파키스탄 히말라야

1판 1쇄 인쇄 2021년 6월 28일
1판 1쇄 발행 2021년 7월 7일

지은이 거칠부
펴낸이 정태준
편집장 자현

편　집 김라나, 자현
디자인 김주연
마케팅 안세정

펴낸곳 책구름
출판등록 제2019-000021호
주소 전라북도 전주시 덕진구 세병로 184, 1302동 1604호
전화 010-4455-0429
팩스 0303-3440-0429
전자우편 bookcloudpub@naver.com
포스트 post.naver.com/bookcloudpub **블로그** blog.naver.com/bookcloudpub
페이스북 facebook.com/bookcloudpub **인스타그램** instagram.com/bookcloudpub

©거칠부 2021

ISBN 979-11-974889-2-4 [03910]